天下文化
BELIEVE IN READING

星雲大師

談幸福

星雲大師 著

目錄

做幸福人

人生三昧

幸福配方

歡喜修行

善緣福報

出版者的話

台灣社會的另一個奇蹟

——星雲大師的開創性貢獻

高希均

一句話影響了我的一生。這句話是：「觀念可以改變歷史的軌跡。」那是一九五九年的秋季，剛到美國修習經濟的第一學期，讀到了二十世紀經濟大師凱因斯的這句名言。

離開那時思想上相當閉塞的台灣，當一個二十三歲的年輕人，接觸到這些壯闊澎湃的西方思潮，就下定決心要做一個「傳播進步觀念」的知識份子。

正因爲四十多年來投入了進步觀念的提倡，就深深體會到鼓吹與傳播進步觀念不難，只要有一些無欲則剛的勇氣與知識份子的堅持；但是要把鼓吹的進步觀念落實，而又能遍地開花結果，則需要大決心與大智慧。

儘管五十多年來的台灣社會，已經從落後變成小康，從閉塞變成開放，從威權變成多元，但能夠結合佛教思想與推廣實踐的人物，卻是鳳毛麟角，當首推星雲大師。

很幸運的是，結識二十餘年的星雲大師，正是這樣一位集創意（進步觀念）、改革（新的做法）與教育（普及眾人）於一身的開創性人物。

我不清楚他的信徒到底有幾百萬？每年他在世界各地佛法的宣揚有幾百場？遍佈世界各地的道場有多少個？他寫的書暢銷幾十萬冊？他組織的讀書會有上千個？但我常讀大師的著作及文章，常看「人間衛視」及《人間福報》，也有機會參觀過佛光大學、南華大學及美國的西來寺等大學。看到這些學府所設科系的周延、在校學生的水準及學習環境的優良，就會感覺到我們這些教育工作者的所作所為，是何等的微不足道！

我們不要把他的成就，只歸功於信徒；不要把他的「事業」只認為是宗教；更不要把他的貢獻，侷限於台灣。星雲大師的貢獻實在跨越宗教，超越台灣，飛越時空。

我的體認是，星雲大師擁有三個特質：

● 一位果斷的、身體力行的宗教改革家。
● 一位慈悲的、普及佛理的創意大師。
● 一位博愛的、提倡知識的教育家。

五十多年前一位來自大陸揚州的年輕和尚，不懂台語，身無分文；但心無二用，腦無雜念，穿越了台灣半世紀的時光隧道，開創了一個無限的佛光世界，這眞是超越經濟的另一個台灣奇蹟。

星雲大師弘法五十多年，天下文化特別出版《星雲大師談讀書》、《星雲大師談處世》、《星雲大師談幸福》、《星雲大師談智慧》四書，幸福是台灣人民所企盼，智慧是台灣社會所需要，就讓大師的說法啓發我們、引領我們，福慧兼修，再創奇蹟。

（本文作者爲天下遠見出版公司創辦人）

幸福境界

自序

今年是唐朝鑑眞大師東渡日本成功的一千二百五十週年，這個光照中日的偉蹟，著實來之不易。西元七四三年，鑑眞大師起行東渡，前往日本弘揚律宗，歷經六次航行，直到六十六歲高齡且雙目失明才順利到達日本。其「爲佛法也，何惜生命」的偉大宗教情操，使得日本文化與藝術全盤唐化，被稱譽爲「傳燈大法師」。

在一般人看來，垂老高齡還如此艱險航行，最後竟至雙目失明，這眞是辛苦至極的人生。但我覺得，這是一個幸福的人生。因爲，他充分地拚搏過、激湧過，影響所及，生命的空間橫越國界，生命的時間縱貫千年。

幸福，是人們終其一生的追求，從小到大，勤奮求學、成家立業、力爭上游，莫不是爲著幸福在孜孜矻矻、向上攀升。其實，幸福的境界，有多種層次。

星雲

如果，追求幸福如登山，從人生的山腳下往高處走，有朝一日富裕了，入口珍饈、一身錦繡、居有華廈、出入名車，這些屬於物質範疇的享受，才只是第一層的幸福。

幸福必須連鎖，因爲人是群體的存在，再大的榮華富貴若只一人獨嚐，毫無滋味。所以幸福的第二個層次是與外在互動，比如人際關係。擁有和樂的家庭、相契的知己、上下融洽的工作發揮、不斷學習與付出的環境，才能眞正在人際網絡裏構築幸福的基地。有的人固守自身，不願把自己的所有分享別人，不願讓生命與大地眾生共同活躍，這就宛若一灘不動之水，終將腐臭。

當然，向外的聯繫尚且不足，向內找尋自己的本來面目，才能開發自我的慈悲心、歡喜心、感恩心、信仰心等等的無窮寶藏。生活的修行其實就在行住坐臥、起心動念裏。也許粗茶淡飯，仍覺別有滋味；也許衣著樸素，也輕安自在，小屋恬適，安步當車，這修行的歡喜，是幸福的更高層次。

「人人都有觀自在，何必他方遠處求？」觀照境界，觀照人事，我心自在，一切自在。「觀自在」是菩薩名號，「無量壽」是阿彌陀佛名號，修得佛眼來觀世間，就超越了時間，超越了空間。人，軀體有生有滅，但生命期期無限；如果我們能把精神、智慧、貢獻，都流入無限的時空中，不就是無量光、無量壽了嗎？以今生的光華去結福緣、積福德，連結到來世而得福報，當是幸福的最高境界。

做幸福人

修佛眼來觀世間，
把一切語言往好處聽，
從淡處了解人生真味，
用口宣揚人生真理，
那麼，幸福都是我們的。

想法改變人生

朋友送給小王一盆牡丹花，奇怪的是每朵花的邊緣，都參差不齊。

有人就說了：「牡丹花象徵富貴，現在你這盆花的邊緣不圓，表示富貴不圓滿。」

小王一聽，趕緊把牡丹花送還。

朋友聽了他的理由，笑說：「你也可以解釋成『富貴無邊』呀！」

❖❖❖

一個人的思想模式，不能只有直線的，也不能只是單向的，凡事要從前後、左右、上下、正反等多方面去思考；也就是說，當事情陷入膠著狀態時，不妨換個角度來看，往往就會出現轉圜的餘地。

戀愛失敗了，你想：以後可能會有更好的對象。

失業了，你告訴自己：也許明天會有更好的就業機會。

大雨天，不能外出，不能運動，不好受，轉念一想：下雨天正可以在家讀書。

被人倒債了，如果你往好處想：損失財富，可能財去人安樂，可能因此消災免難。

「你騎馬來我騎驢，看看眼前我不如；回頭一看推車漢，比上不足下有餘。」世間事，禍福得失往往難以預料，好壞有無也非絕對的，所以遇事能換個角度想的人，總能從窘境中破繭而出。

一樣米養百種人

有個人養了一隻狗和一隻貓當寵物，每當他餵小狗的時候，小狗心裏就想：「主人這樣愛護我，從來沒有要我回報，這麼一個大慈大悲的人，難道他是一個神明嗎？」可是當他餵小貓的時候，小貓心裏也在想：「這個人每天都給我美味的食物，對我百般殷勤，難道我是神明嗎？」同樣的對待，貓和狗的想法卻有這麼大的懸殊，可見，世上的是非、善惡、好壞，也都在於個別的想法，很難訂定絕對的標準。所謂一樣米養百種人，誠不虛也。

❖❖❖

有一個人，當他窮困潦倒的時候，曾受朋友一餐之賜，後來有所作為，他以良田百畝回贈朋友，正是所謂「滴水之恩，湧泉以報」。另有一人，在窮途末路的時候，有一個朋友收留他，供給食宿；後來朋友家中人口增多，實在不夠居住，便在隔壁租了一間房子，請他遷居，但此人卻懷恨在心，誓言要把朋友弄得家破人亡。所謂一斗米養了一個恩人，一石米養了一個仇人，此皆是想法不同所致。

❖❖❖

有的人貧無隔宿之糧，但是他安分守己，感謝國家社會的護佑，深覺國家的可貴。有的人，洋房汽車，豐衣足食，但他怨恨國家苛捐雜稅，一直想要移民他鄉。所以，我們的想法可以想出天堂，也可以想出地獄；天堂地獄都在我們的想像之中。

聰明的人，凡事都往好處想，以歡喜的心想歡喜的事，自然成就歡喜的人生；愚癡的人，凡事都朝壞處想，愈想愈苦，終成煩惱的人生。世間事都在自己的一念之間。當我們以聖人之心看世間，一切人都是聖人；以盜賊之心看人，則所有人等都是盜賊。因爲想法不同，就有天堂地獄之別。

心甘情願，一定快樂

人生如何快樂？快樂的妙方，不外凡事心甘情願。

讀書、工作、交友、上班、做事，能抱著「心甘情願」的心全力以赴，一定能快樂。

❖❖❖

在我一生中，是「心甘情願」讓我在嚴苛封閉的叢林中安住身心十年；是「心甘情願」使我心平氣和地面對各種譏諷與毀謗；是「心甘情願」使我無怨無悔地興辦佛教的文化教育事業；是「心甘情願」讓我立定了弘揚人間佛教的堅強決心；更是「心甘情願」激發起我生生世世做和尚的願心！

我一生感受到的，如物質的貧乏、事務的繁忙、責任的負擔、奮發的艱難，並不覺得辛苦，只有對委屈、受冤，心中稍有不平，但也因秉持著心甘情願慢慢進步。

我是個外省人，我自覺本省人比外省人對我好；我是出家人，我自覺在家眾比出家眾對我好；我是男眾比丘，我也自覺女眾比丘尼比男眾比丘對我好，我的意思是說，愈是靠近的人，愈是不滿。所謂同行是冤家，這本是世間上自然的定理。其實，大家待我都太好了，我承受他們的太多，偶爾有一些嫉妒閒話或批評，我認爲是非常公平的。在人生舞台上要有心胸容忍別人的批評、指責。佛陀也曾說，不能忍受別人的批評、惡罵、侮辱如飲甘露者，不配名爲修道的人。

在現實的社會裏，人們要的是成果，沒有人會關心你過程中的辛酸，也因此讓我受用很多。爲達目的，再艱苦、再刁難，我都不會失望、灰心、改變心意、轉移目標或更改原定計畫，凡事盡可能給對方最好的、最有利的、最需要的。故能在苦中不苦、忙中不忙。能迎刃解決多方問題，不外乎有志者自有千方百計；無志者只有千難萬險。

我常教導徒弟凡事要學習吃虧、退讓、忍辱。

「當對方無理時容忍。

當流言中傷時不理。

當別人受難時體恤。

當接受任務時奮起。

當不幸來臨時勇敢。」

只要是「心甘情願」，一切的苦也都不覺苦，一切難也不覺難，反而能從磨練中得到收穫與領悟。

好好做自己

有一隻小蝸牛，總是嫌自己背上的殼既笨重，又不好看，牠羨慕天上的飛鳥，有天空守護；牠羨慕地下的蚯蚓，有大地爲依。但是蝸牛媽媽告訴牠：你不靠天，也不靠地，你要靠自己身上的殼。身上的殼雖不美麗，雖很笨重，但卻是你自己的安全保障，嫌棄自己，羨慕別人，哪裏會成功呢？

❖❖❖

人都有他一定的角色，把自己的角色扮演好，就叫做「做人的本色」。一個人如果失去了本色，就是失去了立場，失去了人的本位。本色也可以說是做人的形象，每一個人希望把自己樹立成一個什麼樣的形象，那就是人的本色。有的人，一生不管做什麼都不像，也就失去了人的本色。

《古文觀止》裏的〈誡兄子嚴敦書〉說：「刻鵠不成尙類鶩，畫虎不成反類犬」；做人能做得出人的本色，也實在是不容易的事了。

誰第一名

澳洲移民部部長菲力浦羅達克曾問：「世界上的宗教領袖當中，哪一位第一？」

我說：「你最歡喜的就是第一。」

五根指頭爭老大，大家都想當第一。大拇指一伸我是頂好；食指指東指西，要人服從；中指認為自己居中，最長、最大；無名指戴金戴銀，珠光寶氣。當大家都說過以後，小指說：我合掌，對人恭敬、對人禮拜，在聖人之前，我最靠近他，應該就是第一。

其實，第一固然很好，二、三也是不錯，四、五各有所長，所以，能大能小、能前能後、能一能二的人生，最為幸福快樂！

豐裕之後的省思

衣服、鞋子、日常物用太多了，住所變成了倉庫；土地很多，東一塊、西一塊，自己管理不了，別人處理不了，成爲帶不走的麻煩；房屋很多，南一棟、北一棟，到頭來甚至不知道住在哪裏才好？兒女很多，很有福氣；福固然很好，氣多了，也抵銷幸福。

豐裕不可氾濫，氾濫就成災難了。

❖❖❖

曾經有一位信眾，要送我二十四把茶壺，每一只茶壺上都刻有《心經》，且外表形狀都不一樣。他不知我平常喝茶，只需要一只茶杯就滿足了。

用飯時，一位信徒一直在我旁邊挾菜，並說道：「師父！您不要吃飯，多吃菜。」

「不吃飯怎麼會飽呢？」我不解的問。

「會呀！我已經兩、三個月沒吃飯，只吃菜。」

我回他道：「你要成仙當然不用吃飯，我要成道所以要吃飯。」

富裕當然不是一件壞事，但富裕之後仍能惜福更好，一個人的福報如我們銀行的存款，必須要有積存才能支出，而珍惜大地資源、勤樸簡約就是修福的最具體行動。

許多年前佛光山就發起過「廢紙回收」，我自己更是從叢林受訓時，就「惜字紙」，一張紙不僅兩面都會利用，連字裏行間的空白處也會擠上幾個字，有時還會用色筆在紙上再寫一遍，除非到真沒有辦法分辨時，才會不捨的丟棄。

佛光山有二千多名住眾，可以接待五千多人的設備，最初一切建築計畫皆出自我的構想，並無建築師或設計師。猶記得在建大雄寶殿前的成佛大道時，正逢經濟最困難的時候，我就率領徒眾，用手一塊塊將石板磨出來，雖有點粗糙，卻鋪出一條成佛大道；靈山勝鏡前的紅地磚，也是自己鋪的。因爲佛光人有一個信念：自己若沒有辦法做的事，就不必指望別人做！

一直到現在，我仍謹記著惜福之法：

一、隻字必惜，貴之根也。

二、粒米必珍，富之源也。

三、片言必謹，福之基也。

四、微命必護，壽之本也。

❖❖❖

現在凡事皆用設備代替人力，這到底是人力的進步呢？還是人力退化了呢？

現代人四體不勤，處處依賴機器，失去作業的樂趣，何嘗不是損失？

機器萬能，人控制機器，機器做人的事，人成爲爲操作機器而活的生物，這是人所希望的嗎？

❖❖❖

有一位計程車司機，別人開五年的車就要汰舊換新，他的一部車可以開十年，因爲一般人在紅燈停車時，總是在靠近時才猛踩煞車，而他懂得在遠遠的地方就放慢速度，等靠近紅燈，車速也慢下來了。儘量減少猛然煞車的機會，就能保持車子的性能，延長車子的壽命。這是一種惜物的美德，也是一種生活智慧啊。

能忙能閒皆是福

有人說「能吃」是福，我說「能拉」也是福。
有人說「能睡」是福，我說「能醒」也是福。
有人說「能坐」是福，我說「能忙」也是福。

❖❖❖

徒眾每次跟我通電話，末了總要加一句：「師父！您不要太辛苦，早一點休息。」只是不知道為什麼我總有忙不完的事？

其實人生在世，總離不開工作，能工作也是一種福氣！

我總認為：

想要樹立良好的形象，要工作。

想要獲得事業的成功，要工作。
想要改善自我的生活，要工作。
想要知識學問的充實，要工作。
想要福國利民的成就，要工作。
想要他人接受的代價，要工作。
想要大家心裏的讚美，要工作。
想要實現佛國的理想，要工作。
如果懂得忙裏偷閒的巧妙，那也是一種情趣。
「忙裏山看我，閒中我看山；
相似不相似，忙總不及閒。」

❖❖❖

因爲忙，每每在高速公路上利用行車時間稍做休息，睡睡醒醒、醒醒睡睡間，腦海裏似乎有很多事情待辦，可是一睜開眼，又覺得沒有什麼事，人家說「情到深處無怨尤」，這或許就是「事到多時自超然」吧！

超然的境界不是丟下不管，而是經過很多不平凡的經驗累積，而這些經驗是在失意時泰然，得意時淡然，有事時斬然，無事時澄然，處人時藹然，能如此則凡事就超然了。

眼睛以睡眠爲食

有人說睡覺是生命的奢侈品，有人說睡覺是人生的必需品；有人說睡多了會變鈍，也有人說睡不夠會變笨；有人說睡覺是爲了走更長遠的路，也有人說睡覺是爲了打發多餘的時間。

適當的睡眠是休息，休息是爲了下階段的精進。人要吃飯，才有力氣；身體的結構，眼睛以睡眠爲食。人，最好不要熬夜，經常熬夜成爲習慣，當你想在正常的時間入睡，當然就難上加難了。難以入睡的人，都是因爲生活起居作息無定，或者思慮過多、精神衰弱、妄想顚倒；假如我們忘記境界、忘記是非人我，一夜安穩，早睡早起，心思單純，工作有序，那就不怕不能入眠了。

禮貌與人緣

一天要會見許多訪客，有些客人向我合掌後，還會加一句：「大師！我能跟您握個手嗎？」一天下來，不知握了多少次的手。徒眾送茶給我時，我竟忘情地要伸出去握手，惹得大家都笑起來。

「握手」代表一種熱情、一種禮貌，風俗起於十字軍東征時代，那時敵我分別只有宗教信仰一項，所以敵我難分，兩人握手是表示手中沒有武器，不存敵意，那當然就是朋友了。此風俗一直流傳下來，成爲今天各地通行的見面禮了。

❖❖❖

中國有句老話「禮多人不怪」，這個禮除表現在行動上，還表現在一套應對的語言上，例如，見面就問：尊姓、大名、貴庚、仙鄉、尊翁、令堂、貴幹、勞駕、多承教誨、多蒙賜教……等，大家都是「以禮相對」，不容易衝突。

在今日的叢林寺院裏，來自於十方的衲子，也有一套叢林的用語，能使大家「口和無諍」的和平相處。例如：上下、法號、大名、令師、貴常住、禮座、接駕、法駕、告假、請開示、慚愧、晚學、大德、學人、不敢打擾、慈悲開示、慈悲原諒、您好威儀、您眞親切、您很發心……等。儘管大家來自不同的地方，各有不同的性格，但是有了一套禮貌性的語言，彼此也就不容易起計較、不容易有爭執了。

血氣方剛的年輕人之所以一言不和就相互爭執，甚至大打出手，問題就在於沒有一套「承受教誨」的語言，甚至一不小心就用了質問的語氣，因而針鋒相對，惹禍上身。

一個人，如能學習無諍的語言，例如：請、對不起、謝謝你、非常抱歉、非常慚愧、打擾你了、感謝給我學習的機會、我能爲您服務什麼嗎？久仰大名、幸會幸會、多承關注、請多指教、豈敢豈敢、不吝指教等等。經常把這些客氣、尊重的話語掛在嘴邊，人際之間必然會泯去許多無謂的計較，必然會消除許多煩人的糾葛。

自古就有「一言興邦、一言喪邦」的明訓，講話確是一門藝術，我不要求徒眾個個都能言善道，但至少要應對得體，如果能在責備的話裡帶撫慰，批評的話裡帶讚揚，訓誡的話裡帶推崇，命令的話裡含扶掖，能抱著如此誠懇和平易的心境講話，一定會到處有人緣。

❖❖❖

「禮」是一種規律人們外在行爲的規範，使心和行爲、實質和形式達到調和，是人格圓滿境界，故孔子常說：「恭而無禮則勞，慎而無禮則葸，勇而無禮則亂，直而無禮則絞。」故「禮」之用，以和爲貴。

在團體中與人相處，知和而和，能「和」，才能和氣、和平、和好、和悅、和順、和祥、和諧、和衷共濟、和氣生財！

我常以四句話提供給大家，來改善人我之間的關係。

好。

「初見三句話」，大家初見面講三句好話，你好、大家好、今天天氣很好。

「相逢一微笑」，大家見面時，面露笑容。

「爭執一回合」，有爭執時，只限一回合一句話，不要一直爭下去。

「讚美要適當」，稱讚人家要恰如其分。

果能如此，人我關係定能和諧、改善。

獨處的幸福

白天講話、開示、會客、座談……似乎已成慣例的行事。晚上獨處時常想，我總不覺得自己偉大，卻因信徒的擁戴、大眾的護持、社會的肯定，反而有高處不勝寒的慨嘆。

這麼多年來，一直在心中想的都是爲佛教，爲大眾，但現在這一切因緣都已具足，反而覺得自己更空曠了，現在的感覺猶如陶淵明的〈歸去來辭〉中「雲無心以出岫，鳥倦飛而知還」，我好想靜靜的修行讀書。

在我心中，一直有這樣的感受：

「水可以當茶，茶不可以當飽。

詩可以當文，文不可以當法。

曲可以當歌，歌不可以當道。

技可以當財，財不可以當富。

名可以當貴，貴不可以當佛。人可以當力，力不可以當我。」

❖❖❖

清晨在風聲和樹聲的呢喃中醒來，內心只有一種「靜」的感覺，不想走出房門口，似乎一開門就會破壞這份寧靜。每次出國，在沒有人認識的街道行走，沒有突來的訪問、沒有要求拍照的困擾，實在是一件很稱心的事，有時我會嚮往那種「一爐香、三杯茗、萬卷書，何須塵寰外再求仙求佛」的生活，不過這是一種自私的想法，就像母親說的：「有那麼多人需要你，我怎敢獨占？你不是我的兒子，你是大家的。」

❖❖❖

人若能懂得安排自己，過一段屬於自己的真正時間，是多麼幸福啊！

人雖迎合大眾生活，但也要有獨處生活。

所謂獨處，並非單獨一個人看報紙、看電視、聽音樂，因心念會隨報紙、電視、音樂的內容跳動。

眞正「獨處」的意義是要內觀，看無相的世界，聽無聲的聲音。人與人相處不可忽略掌聲，但對個人則要無聲。心境不同感受也不會一樣，故雖有外在世界，內在自我的心靈世界一樣重要。

獨處不易，不但要獨力應付危機，還要防範自己的內心，因沒有約束而生起歹念。因此孔子說：「小人閒居爲不善，無所不至」，又說「君子十目所視，十手所指」，就是叫人要「愼獨」。

一個人正派、自律，可以發揮光和熱，則獨處不怕。一般人如果喜歡獨居，不能不對箇中所潛藏的危機有所警覺啊！

放風箏的體悟

放風箏，要有空曠的空間，才能觀察風向，盡情的逆風奔跑；透過風向，借力使力，風箏才能冉冉升空。

放風箏，往往不是一次就能順利飛升，必須耐心的一次又一次重來，不怕辛苦，不怕失敗，反覆地勇於嘗試，才能成功。

放風箏，要掌握線，才能控制風箏。斷了線的風箏，固然一去不復返，但線拉得太緊，或是放得太鬆，也不容易升空，所以要收放自如。

放風箏箇中大有人生哲理在焉！我們做人，要像放風箏一樣，懂得觀察風向、時空、氣候、天時、地理、人和等，有了這些敏銳的覺知，做人才能進退得宜、圓滿自在。

有書眞富貴

徒眾經常問我：「爲什麼您看書都能過目不忘？」這固然是因爲我有心去記住內容，並且實踐在生活上，也是因爲我平常做任何事都會仔細思維，全力以赴，所以往往看到書中某一句佳言，就立刻能有所悟道，觸類旁通。

❖❖❖

我喜歡放幾本書在身邊，一有空，就可以翻閱細讀、趁白天無人打擾之際，看了一些名人傳記，如鄧小平的《三上三下》、連雅堂的《青山青史》、蔡松坡的《風雲長護》，還有《蔣廷黻回憶錄》以及胡適之的各種書信，一天下來，也過得十分充實滿足。記得明末才子金聖嘆說過：「有書眞富貴，無病大神仙。」這句話的意境我頗能體會。

❖❖❖

一本好書，一篇好文章，我喜歡和大家共同欣賞，我常把書本朝向對方，久而久之，我已能夠將書報雜誌倒念如流。我之所以說話能不重複，能讓聽者歡喜，那是因爲我常念文章給老人家聽的收穫。

「半人」與「非人」

黎東方教授爲大家解說「仁」字的意義：

一、仁，不是一個人的存在，而是要顧念別人的兩個人利益才稱「仁」。

二、仁，是種子，如杏仁、核桃仁，就如佛心，能生生不息者，謂之「仁」。

三、仁的甲骨文寫法是「〤」，是兩個人鞠躬，故能彼此尊重稱爲仁。

單單一個字，就能將中華文化淵博、瑰麗、哲理的內涵表露無遺，學者到底是學者！

❖❖❖

「仁」即是指人有二個，心中要有另外一個人的存在，才是「人」。不鬧情緒、不冤枉人、不欺侮人，能包容人、尊重人、服務人，才像個人，千萬不要做「半人」。

❖❖❖

現代的人群裏，多少人的臉上失去了微笑的能力，每天拉長著臉，好像別人欠他什麼，或者什麼地方得罪了他。有的人有口不講話，尤其不善於講好話，哪怕你是金絲雀，你有再好聽的聲音，但你不肯表露，人家也會把你當作一隻小麻雀送進烤箱裏。

《阿含經》中提到「五種非人」：該說時不說、該笑時不笑、該做時不做、該歡喜時不歡喜、該讚美人時不讚美人。你想想看，這樣的「人」，在社會上會受歡迎嗎？

反觀自己

一群烏鴉經常飛在養豬場的周圍，對著黑豬取笑說：「好黑的豬喔！好難看的豬喔！」豬因爲跑不快，也不能飛，被烏鴉取笑，也只有忍耐。不過旁邊的黃狗爲豬打抱不平，就對豬獻計說：「下次等烏鴉再來取笑你，你就反問牠說：爲什麼不看看你自己呢？」

❖❖❖

一個人，能看得見環境上的微塵、沙粒，乃至小小的羽毛、毫髮等，卻看不到自己的睫毛。這意思是說，人往往看得到別人的過失，卻看不到自己的缺點。平時眼睛所見，都是別人怎樣不對，如何不好，卻從來不曾好好的反觀自己。所以，人能看得見別人，卻不能認識自己，這是人的膚淺。

一個人，力氣大的能舉四十公斤、五十公斤，甚至大力士能舉一百公斤，但是即使是力大如牛的人，你叫他把自己舉起來，卻是不可能的事。這意思是說，人有能力對抗外境，卻往往拿自己沒有辦法。不能做自己的主宰，這是人的悲哀。

因爲人不能認識自己，當然就無法自我學習、自我健全、自我進步、自我昇華。

❖❖❖

人跟人相處，總會跟對方說：「你不了解我。」其實最不了解「我」的還是自己。

你知道什麼事最令你生氣？什麼事最令你感動？什麼事最令你難過？什麼事最令你歡喜？什麼事最令你尷尬？什麼事值得你犧牲？什麼事是你肯定的？在成長的過程上，對道業、學業、事業都要有目標、有理想、有計畫、有進度的一步步去超越、去完成，才有可能成爲一個能自處又能處眾的幸福人。

大家尊重

世間上的萬事萬物，只要有兩個以上，就不會有絕對相同的內容。十個手指，伸出來有長短不同；兩個眼睛，也有大小的分別；甚至昨日的我，與今日的我，就已經不同了。

世間上，同的太少，異的太多；只有在異中求同、同中存異，那才是處世之道。

人，都不歡喜與自己不同的存在，所謂「順我者生，逆我者亡」，把不同的、差異的都排除。可是世間上的萬萬千千，哪裏能排除淨盡呢？既然不能完全徹底的排除，那麼最好還是大家相互尊重、相互包容，所謂尊重異己，那就是最合乎天心了！

眼睛看不到牆那邊的人和事，可是透過耳朵幫忙，至少可以聽到聲音；腳抬不起來的東西，伸手一提，就順手拈來。乾旱了，希望下雨；雨水太多了，希望陽光。世間的所有，都是相生相剋；萬事萬物，哪裏能統一呢？所以，你我雖有不同，但是我尊重你，你尊重我；大家尊重，大家就能共同存在了！

❖❖❖

人與人之間所以會吵架，是因爲兩個人都堅持自己對，才會吵架。在工作中有不同的看法摩擦是難免的，重要的是要互相尊重、包容、協調。做人要學習吃虧，凡事不要申辯，承擔下來，自然就不會有口角。

立志做喜鵲

有一隻烏鴉在飛往他處的路上，遇到了喜鵲。烏鴉對喜鵲訴苦說：「這個地方壞透了，人也壞透了，他們看到我飛行，聽到我的聲音，就批評我，咒罵我，所以現在我要離開這裏，飛到別的地方去重新過生活！」喜鵲聽後說道：「烏鴉呀！其實這個世界到處都是一樣的，你應該要改一改你的叫聲，如果你的聲音不改，不管你飛到哪裏，其結果都是一樣的呀！」

有的人總覺得自己懷才不遇，好像世界上的人都辜負自己、都對不起自己，所以隨時要搬家，要另找職業，要換新朋友。其實，「此山望見彼山高，到了彼山沒柴燒」，一個人想要在社會上安身立命，重要的是先健全自己，並能與人爲善。台灣有一句俗諺，把不會說話、經常說錯話的人喻爲「烏鴉嘴」，如果老是把好事說成壞事、好人說成壞人、好話說成壞話，又怎能怨怪別人視你爲不受歡迎的烏鴉呢？

我們每個人都應該自問：我是家裏的「烏鴉嘴」嗎？我是朋友之間的「烏鴉嘴」嗎？我是機關團體裏的「烏鴉嘴」嗎？只要我們能把「烏鴉」的聲音改一改，又何懼不能成爲受歡迎的「喜鵲」呢？

有用的人

人是萬物之靈，也是萬能的動物。例如：雙手萬能，雙腳走遍天下；眼睛能觀四面，耳朵能聽八方；頭腦和心靈更是萬能，上天下地，匪夷所思。所以，基本上說來，倒不一定要認爲上帝是萬能；人，才是萬能的！

當然！人是萬能的，但也有的人是無能的！例如：不能爲國家盡國民的責任；不能爲社會盡服務的責任；不能爲家庭盡孝養的責任；不能爲朋友盡提攜的責任。有的人肩不能挑擔，手不能提籃；有的人時運不濟，一事無能，也令人萬分惋惜！

其實，只要是人，都是萬能的！因爲人都有無限的潛能，就看你懂不懂得去開發它；就看你願不願意做個萬能的人。

你看！一個有用的人，能早能晚、能冷能熱、能飽能餓、能大能小、能前能後、能多能少、能有能無、能貧能富、能榮能辱、能忙能閒；一個能幹的人，遇事都能夠四兩撥千斤、化繁就簡，甚至化腐朽為神奇，能變不能為可能，能發明很多的新科技，能創造思想學說，能成功立業，能救世救人。

有用的人，都是無所不能，所以人應該自信自己是萬能的人類。甚至，與其說上帝能創造人類；不如說萬能的人類可以創造上帝。

❖❖❖

白開水雖然淡而無味，卻不能一日無之。白開水的成分單純，任何飲料都要白開水去調和，具有調節的功能。白開水還有消毒、清潔、衛生的作用。白開水，「開」就是要經過煮沸，經過高溫加工，才能成為白開水；人也要經過歷練，才能成為有用的人。

❖❖❖

會做事的人，一人可抵十人用；不會做事的人，十個人也做不好一件事，主動、積極、用心、全力以赴，才是做事的態度。希望佛光山每一位工作者，都是我的化身。

❖❖❖

一個有用的人，即使是一件小事，也能做得轟轟烈烈；一個無用的人，大事交給他，最後也只能成爲無聲息的歌唱。

有用的人，每到一個地方，都會很快的進入狀況，和大家打成一片；沒有用的人，不懂也不知要怎樣去跟人家參與，只會木訥的在旁無所事事。一個人如果到了沒有可讓人「用」的價值時，那這個人就太無用了。

人際溝通法門

居家環境的水溝如果不通，就會污染環境，影響生活品質。人際往來，如果溝通不良，必定滋生困擾。

現代人因爲經常自我設防，造成人際之間的疏離，許多家庭問題因此產生，例如親子之間的代溝、婆媳之間的不和，乃至親朋、鄰居之間老死不相往來等，大都起源於溝通不良。

造成溝通上的障礙，有的是拙於言詞，有的因表達不當，有的則因爲自己預設立場，不能接受別人的意見，自然無法溝通；也有的人態度冷漠，令人不願碰觸；但最是令人難以接受的，則是姿態太高，對於自己的主張，要人奉若聖旨，完全沒有商榷的餘地，如此之人，如何溝通？

溝通的目的，是爲了取得彼此的共識，達成意見一致，而非強迫對方接受自己的意見，因此要能站在對方的立場，設身處地的替對方著想；能令對方歡喜接受，才是有效而成功的溝通。

佛世時，佛陀爲了度化優波離、尼提等階級低下的弟子，總是先給予讚嘆、肯定、認同，先讓他們對自己建立起信心，再引入佛門。所以，佛教的「四攝法」——布施、愛語、利行、同事，都是溝通人際的最好法門。

人情世故

做人最容易犯的毛病，就是怪你不盡人情，怪你不合人情；但是自己有情沒有情，並不知道。所以經常有人慨嘆：人情如流水，人情薄如紙，人情冷似霜；人在人情在，人去一場空。

人，要求別人，都講：看個交情、看個面子、看在往昔的關係。其實人情是有尺度的，是有深淺的，是有輕重的，人情是很難稱量的；人情之外，還是以道理、以法律，來得比情更容易訂立標準。

❖❖❖

凡事都拒絕，凡事說「NO」，人生還擁有什麼呢？一個有能力的人，一個會辦事的人，凡事都「YES」；即使拒絕，也會提供取代的方案。

拒絕人情，拒絕因緣，主要是由於能力、慈悲、道德不夠，一個人如果經常輕易的拒絕一些因緣、機會，久而久之自然就會失去一切。能隨順一切因緣，則會擁有更多的學習機會。

❖❖❖

經常有人爲了一句話而心生煩惱，爲了一件事放不下，好幾天吃不下飯。人與人之間經常因爲誤會，而彼此相互「感冒」。我不但不「感冒」，而且還能治「感冒」。經常有人和我一席話後，便心開意解，看透事情，不再計較。因此，大家都說我是治「感冒」的專家。其實，我用的妙方，不過是一些人情世故而已。

不做旁觀者

歐美至今是先進國家，最可貴的是一般小市民，對於社會公益或表現愛心的事，都是爭相參與，不願做個旁觀者。

一場球賽，多則數萬人觀賞；教堂的集會，動輒數百人參加；一個兒童走失了，多少村莊、縣市，共同動員協尋。

曾經，因為一隻飛鳥被一名小孩用箭射中了，但仍然飛行逃生，全美、加的報紙、電台，一致加入報導、呼籲，發動全國人民要保護這隻小鳥。

在電影「威鯨闖天關」中演出的殺人鯨威利，一度感染肺炎，美國千萬人捐款，合力拯救，復原後，又以專機把牠從奧勒岡州送回故鄉冰島。

加州有一個兒童喝完汽水後，任意把空罐子隨手丟棄，後面的老婆婆看了就命令兒童撿起來，兒童問：「關你什麼事？」老婆婆說：「怎麼不關我事？你亂丟東西，製造垃圾，污染環境，我們社區的房地產會跌價，這就跟我有關係！」

在西德，年輕房客住在公寓裏，白天夜晚都開著燈，別的房客看不過去，叫他關掉。年輕人說：「關你何事？」房客說：「你浪費能源，使國家陷於貧窮，怎麼不關我事？」

東、西德統一了，東德很窮，要一兆美金才能助其復興，雖然如此，西德的人也很歡喜，說道：「只要統一，窮，沒有關係，誰叫他們是我們的兄弟呢！」這是多麼美好的一句話。

❖❖❖

❖❖❖

社會是人的集合，人人盡心營造幸福的社會，個人才容易得到幸福。

留些餘地

在建築學上，有一個特殊的名詞「伸縮縫」，意謂建築物體必須留一個伸縮的空間，橋樑、馬路、房屋乃至地磚，無不如此，以防空氣冷熱變化時，結構體收縮膨脹的需要。

人我之間、人事之間，也需留個「若即若離」的空間，避免關係緊張，造成摩擦，甚至產生裂痕。

人情之間，能進能退，能得能捨，能大能小、能有能無；懂得留一些適當的空間給人，亦是「伸縮縫」的妙用。

❖❖❖

一幅畫，一定要留白，才是好畫；印書，天地左右留白，才容易閱讀。

蓋房子時留些餘地給陽光、空氣、庭園，才能增加生活的品質。

一般雕刻家在開始塑造人物時，總是鼻子大、眼睛小。因爲大鼻子可以變小，小眼睛可以放大，這是雕刻的祕訣。比喻在事物方面，難免都有估計錯誤的時候，太過於刻板的嚴密計畫，會導致大錯的根源，凡事還是要預留「修正」的空間，尤其在待人接物時。

話不要說滿，事留有餘地，才有迴轉的空間。

❖❖❖

就算一個沒有大用的人，也可以留一點時間給人，也可以留一些義行給人，當然也可以留一點好言好意施給人。

人總要留一些餘地給人，不留餘地，自己也不得轉身。

分一杯羹

人與人之間，共患難易，共富貴難，問題就在不能分到一杯羹。

不妒人有，是人間的美德，縱使人家虧待我，沒有分給我一杯羹，也不要耿耿於懷，計較於心；飯，不是一天就吃完的，今日沒有分給我一杯羹，將來因緣際會時，可能還會加給我一杯羹。

人與人之間的相處，千萬不能計較一時，不要像商業買賣一樣，銀貨兩訖就算了。利害是一時的，道義是永久的，何必斤斤計較眼前的一杯羹呢？

有能力的人，總是想到我要對他人有所貢獻、有所圖報、有所服務；如果能時時與人結緣，爲人服務，當別人有所成就時，你還怕不能分到一杯羹嗎？

人生的挫折，在於自己貧窮，自己缺陷，平時沒有給人家點滴貢獻，總想分一杯羹，此實難矣！

小兵也可立大功

一齣戲，除主角之外，總有跟班、隨從、助陣、串場等小角色，稱爲「跑龍套」。

在社會上，跑龍套者常具有穿針引線的功能，所謂「小兵立大功」，有時候也不可以小歔。

一個人發心爲別人跑龍套，爲社會跑龍套，跑龍套跑多了，跑得好，一樣可以跑出前途。就怕一向不肯跑龍套，或者以爲既是跑龍套就不必太認眞，當然前景也就不樂觀了。

❖❖❖

鋼骨，可以建橋樑；鐵條，可以和混凝土融和起來，成爲堅固的力量。

鋼骨也好，鐵條也好，有時候在連環轉節的地方，要靠一顆螺絲釘，才能把所有的力量連接在一起。

人，都要做偉大的人物，像鋼骨，像棟樑，負擔重責。但是，螺絲釘的小人物也是不可以少的喔！

螺絲釘因爲小而不起眼，平時很少有人會注意到它存在的價值，總要等到少了一根螺絲釘，一切不能運轉了，大家才會發現螺絲釘的重要。

做人，要像螺絲釘，當人家需要我們的時候，要盡量發揮自己的功用；當人家知道我們很重要的時候，也不要自抬身價，還是要很安分的做一顆螺絲釘，如此才能發揮大用，才能成爲一顆名副其實的螺絲釘。

❖❖❖

人都喜歡做主角，不喜歡做配角，認爲配角是點綴。

房子四壁空白，掛上一幅畫來點綴，這一幅畫可能成爲房子的主體；「萬綠叢中一點紅」，那一點紅不是非常重要嗎？

一桌豐盛的大魚大肉，清爽小菜反而倍覺可口。
點綴，有時也可以成爲靈魂。

放下身段

處境愈順遂的人，一旦不如意的時候，他就放不下。在感情、事業上受了挫折，在金錢、名譽上受了損失，乃至學生考試失利了，競賽落敗了，他們就覺得前途艱難，嚴重者甚至興起了自殺的念頭。

面對起起落落的人生，有一句名言：放下身段！因爲世間終究是「花無百日紅，人無千日好」，能夠放下身段，才能「放得下、提得起」。即如清朝的宣統皇帝，原爲九五之尊，但是到了最後卻在北京的中山公園做一名清潔工。如果他不能放下身段，又怎麼能生存於世間呢？

中國大陸文化大革命的時候，那些睡牛棚的人，原本也都有身分地位，如果不能「放得下」，今日又如何能「提得起」呢？

功名富貴人人追求，能夠得到也並不是不好；但如果因緣不具而失去，也要能放得下。

人生要能大能小、能屈能伸、能有能無、能高能低，如果一句話他就放不下、一件事他也放不下，甚至爲一個人而放不下，又如何承載更大的責任呢？

❖❖❖

有一個婆羅門外道，有一次帶了兩個花瓶去見佛陀。佛陀一見面就叫他「放下」，婆羅門依言放下手中的花瓶。

佛陀又叫他「放下」，他又放下了另一隻花瓶。

佛陀又說：「放下！」

婆羅門不解：「我已經都放下了，你還要我放下什麼呢？」

佛陀說：「我叫你放下，不是叫你放下花瓶，我是要你放下傲慢、驕瞋、嫉妒、怨恨等不善的念頭與不好的情緒，都要能放下。」

一切總會過去

世間上無論多久以前訂下來的日程，總是會到的；無論多苦多樂的事，也是會過去的。所以，凡事不要太認真，沒有什麼好計較的，只要有「一切總會過去」的認知，就不會去執著快樂，太苦也不會去計較。該來的總是會來，與其推託不如面對現實承擔下來。

我有一個好性格，一切都會很快放下，不掛念未來，也不會排斥當下，故一切都很愉快。

❖❖❖

世間再苦的事，如果你想到「那是一時的，馬上就會過去」，再大的辛苦，都能克服。

世間再快樂的事，你也要想：「那只是一時的！」有此認識，你就不會貪戀不捨。

人生中，感動是一時的，感恩是一世的；榮耀是一時的，影響是一世的；委屈是一時的，成就是一世的。

不要讓一時種下的因，影響及於一世，甚至牽動生生世世的禍福安危。

凡事以「難遭難遇」之想，以「千載一時，一時千載」之心相待。

名枷利鎖

人生，往往因爲想不開、看不破，所以煩惱重重。一間房子，沒有門出去，長久關閉在裏面，怎麼會快樂呢？好名，被名枷給綑綁；好利，被利鎖給縛住；陷在自私的感情裏，就會被愛所執；甚至，一句是非也能左右我們。枷鎖能束縛人，主要是當事者不肯放下，甚至還以金枷銀枷驕人呢！

有的人，對金錢放不下，做了金錢的奴隸；對物質放不下，做了物質的囚徒。

有的人爲了守住一棟房子，養了一隻寵物，不肯出外旅行；有的人爲了盡孝守墓，荒廢了多少年輕的歲月？

被圈圈圈住，被框框框住，所謂「坐井觀天」，哪裏能看到廣大無邊的天地呢？沒有豁達的心情，沒有豁達的觀念，想要獲得快樂，實在難矣也！

人要學著能夠「擁有」，也能「空無」，在功名富貴、窮通得失之間，都不忘自在，這就是豁達的人生。

搬開石頭

有人心上總有一塊石頭，有人面前總有一塊石頭，苦惱、悲傷、怨恨、煩悶、罣礙、委屈，是心上的石頭；戀人、金錢、房屋、土地、物品，也會成爲心上的石頭。

心上的石頭放不下，面前的石頭更是難以搬開。公家的一個政策、團體的一個計畫、他人批評的一句言論、不同人事的一個主張，甚至紛至沓來的指責、批評、教訓、毀謗，都是不容易拿開的石頭。

心內的石頭、心外的石頭，一定要靠自己拿開，別人今天幫你挪開了石頭，明天、後日，還是會再有新的石頭堆積起來。

面前的石頭，須用智慧、慈悲、結緣來改變，心上的石頭，當然是「放下，就會自在」。

人生三昧

人生可以淡，但是不能無味。
例如不讀書，言語無味；
無味，就是貧乏。
人生要像青橄欖，愈嚼愈有味，
淡中有味，才是真味。

人生之路

諺語說：「路是人走出來的！」不管羊腸小徑，康莊大路；不管陸路、海路、空路，都要有人去開闢。在人生旅途上，不管多麼艱難險峻的阻擋，只要有心開路，就不怕不能通行。

道路交通，如同人體的血管，血管通暢，身體自然健康；道路通暢，經濟自然發展，文明的建樹當然就會一日千里。國父孫中山先生成功締造民國之後，無意擔任民國大總統，而想做一個鐵道部的部長。偉哉孫中山，他懂得中國要達到富強之境，必須從交通著手，除此不爲途也！

有形的道路之外，人際之間還有許多無形之路。現在社會上很多有辦法的人，都是因爲有「政商之路」；很多的民意代表、傳播媒體，也都希望建立他們的「言路」，甚至現在最時髦的「網際網路」，更是成爲新世代的新寵兒。

前人鋪路後人行。我們是否想過：自己留下多少方便的路給人行走呢？還是反而斷人的路、擋人的路呢？

每個人的人生之路雖有順遂、曲折、平坦、崎嶇的不同，但總結起來只有兩條路，一條是善美的天堂之路；一條是醜惡的地獄之路。依佛經說：人天的道路有三個條件，一是喜捨，二是持戒，三是禪定；地獄的道路，也有三個原因，一是貪欲，二是瞋恨，三是邪見。我們是要走天堂之路呢？還是要走地獄之路呢？

身心安住

人，住在哪裏？你會說，當然住在家裏！

家，能夠給我們永遠的安住嗎？即使一隻小鳥，當牠長大後，也要離巢高飛。中國字的「家」，寶蓋頭下面一個「豕」，天天賴在家裏，不是像懶豬一樣嗎？

人，住在金錢裏！金錢被騙了、被倒閉了，股票跌停板，錢財流失了，你住在哪裏呢？

人，住在愛情裏！情愛確實是人生幸福的追求；但是，世事無常，情愛會變化，當夫妻離婚了，戀人反愛為仇了，你住在哪裏呢？

人，住在名位裏！然而「樹大招風，名大招忌。」你看，每次選舉，多少人歡喜的上台，多少人黯然的下台！下台後，你住在哪裏呢？

人，住在事業裏！為了事業，每天忙東忙西，忙得不顧妻子兒女、自身健康，忙到最後，不但不記得自己有家，甚至忘記了自己的生命安危。

人究竟要住在哪裏呢？《金剛經》說，不以色、聲、香、味、觸、法，安住身心，人不要住在五欲六塵裏，「應無所住，而生其心！」你看，太陽住在虛空之中，你以爲它無所依靠，其實它一點也不危險；無住就是它的安住呀！

能夠「身心安住」，才能圓滿生命，才能擁有快樂的人生。

❖❖❖

有人身著綾羅綢緞，卻自慚形穢，有人粗衣布服，自覺心安理得。有人住花園別墅，卻覺如同樊籠，有人蝸居一角，自覺天地寬廣。差別就在於有沒有內心的美感，生活的美感。

陶淵明「採菊東籬下，悠然見南山」，因爲能夠「不爲五斗米折腰」，因此不會「心爲形役」。

顏回「一簞食、一瓢飲，人不堪其憂，而回也不改其樂」；因爲懂得生活的藝術，故能終生不爲外物所累。

高峰禪師窩居樹上，人憐其衣食無著、身形垢穢。禪師說：「我雖然沒有剃髮，但我身心已經清淨；我雖然沒有華衣美服，但以人格來莊嚴；我雖然沒有山珍海味，但以松實雨露如瓊漿玉液；甚至山河大地、野獸鳥雀，都是我的朋友！」這就是懂得生活的美學。

古往今來，多少巨賈富商、高官厚爵，他們歸隱田園，是爲了追尋生活之美；但也有人從軍報國，從政爲民，汲汲乎，也是想要追尋人生的奉獻之美。

淨土宗的「七寶行樹、八功德水、亭台樓閣」，固然是彌陀生活之美感；地獄的「刀山劍樹、油鍋深坑」，也是地藏王的追求生活之美學也！

美，是一種藝術，是一種感受。美的心靈，是吾人最珍貴的資產；當你的心中有了美的感動，生活中，自然無處不眞，無處不善，無處不美！

解脫自在

有的人的一生，只想到飲食男女，好像馬牛一樣，水草之外，別無所求；有的人的一生，貪得無厭，得隴望蜀，做欲望的奴隸。眞正想要獲得自由自在之解脫人生的人，實在爲數不多！

你看！世界上有的人爲了錢財而不能自在；有的人爲了感情而不能自在；有的人爲了思想見解而不能自在；有的人爲了功名富貴而不能自在。

人生的左右，經常吹著八種境界之風，此即：稱、譏、毀、譽、利、衰、苦、樂；誰不爲此八風所動，誰不爲此八風所苦。我們隨著此八風境界所轉所動，想要自在，實在難矣！

想要獲得自在的人生，要能逆向思考，要懂得「人我互調」、「以人爲我」，如此很多事情就能心平氣和。

金錢被人倒閉了，就想：這可能是我前世有欠於他，今生還他算了。愛人離我而去，心不甘、情不願；但是你如果能回頭一想：我愛他，就應該尊重他的自由；名位失去了，不必感到痛苦！無官一身輕，不是一樣可以逍遙？給人毀謗了，想到這是他替我消災，不但不計較，反而感謝他，你怎能不自在呢？

人生的自在，不在他求，不是他人賞賜；自在是自我的事情，自我的當下轉識成智、轉迷爲悟，當然就可以轉束縛的人生爲自在的人生了。

擁有與享有

「良田萬頃，日食幾何？大廈千間，睡眠幾尺？」你有想過嗎？這一生當中，你究竟「擁有」多少？又「享有」多少呢？

在時間上，即使你「擁有」人生百歲，但是你可曾「享有」幾時的清閒？誠如西班牙國王拉曼三世（Abder Rahman III）在位五十年，卸任時無限感慨地說：「我這一生，眞正屬於自己幸福清閒的日子，只有十四天！」

在空間上，你「擁有」華屋美廈千萬間，但是你可曾「享有」多少個清酣無夢的睡眠嗎？在人間裏，你「擁有」家人，家人是你的嗎？你「擁有」許多事業，那些事業都能靠得住嗎？

世間上，你所「擁有」的，不一定都能爲你所「享有」；不是你所「擁有」的，也並不代表你就不能「享有」它！

儘管你「擁有」一個鄉鎮、一個縣市、一個都市；但是我可以「享受」

清風明月，我也可以看日月星辰。我可以周遊世界，我可以關心地球，我可以把所有的人類都看成是我的兄弟姊妹。我「享有」了宇宙虛空，比你「擁有」一家、一鄉、一市，還要更大、更多、更廣。

你是大富翁，你有億萬家財，你去建電影院、建圖書館、建公園；我是市井小民，我是薪水階級，但是我可以看電影、看書，可以到公園去散步。我不要「占有」，也不要「擁有」，但我可以有無邊的「享有」。

你「擁有」多少，我不嫉妒你、不破壞你，反而讚美你、幫助你、祝福你，讓你也能「享受」我的好心、好意、好的祝福呀！

高速公路不是我的，但我可以開車馳騁其上；飛機天空也不是我的，但我可以花少許的錢，也遨翔在天空裏呀！

想一想，我本來只是孤獨一個人，孑然一身地來到這個世間，忽然之間，我擁有了父母、兄弟姊妹、老師、朋友、國家社會，甚至宇宙虛空，大地山河。我不但「擁有」這許多，更「享有」他們所給我的方便；我享受了世間給我的這麼多好因好緣，因此，我怎麼能不感謝、祝福那許多「擁有」的人呢？

感恩最美

一個人，每日食衣住行的所需，行住坐臥的安樂，哪一樣不是來自於別人、來自於社會？不少人卻視爲當然，不知回饋。

因大眾而富有的人，只知聚斂享受，不知感恩奉獻；當他福田庫中的財富用完以後，不知道他將來還能擁有什麼？

我們從一座橋上走過，應該想到造橋人的辛苦；我們在一棵大樹下乘涼，就要想到前人栽樹的辛勞。雖不能大益於人間，至少懂得心存感恩；當我們能夠合掌面對世人，那就是感恩之美了！

馬拉松競賽

「馬拉松」是希臘的地名。在西元前四九〇年，希臘的軍隊大敗波斯的軍隊於馬拉松。當時有一個叫裴德匹第斯的人，從馬拉松快跑送捷報到雅典，以短短數小時的時間，竟然奔馳了四十二公里之遠，報告完畢，立刻力竭而死。一直到西元一八九六年，希臘雅典開辦奧林匹克運動大會，特別設立了一項「馬拉松競賽」，距離爲四十二公里一百九十五公尺，馬拉松從此列爲世界長跑運動的項目。

馬拉松賽跑，是一場耐力的競賽，賽程又長、又遠，因此跑者不但速度要快，而且要有耐力，才能取得最後的勝利。我們的人生亦如馬拉松賽跑，人人都應該具有運動家的精神，要能持久不懈，即使落後，還是可以奮力追趕，堅持到底，雖不能獲得第一、第二名，至少也要把全程跑完，這才是人生最大的意義。

現在青少年都一味追求外在感官的享受，眼耳鼻舌身意每天不斷向外攀緣，從而沉溺於色聲香味觸法中，隨著外在誘惑而迷失自我。故自己要有安住的力量，放棄外在的一切，向內找尋自己的本來面目，才能在人生起伏得失中，禁得起社會考驗。

生命是馬拉松，必須要有耐力，才能達到自己的目標。

停．聽．看

走到火車平交道的地方，總有一塊明顯的標誌，上面寫著「停聽看」，讓每一個人能夠注意安全，不要急著冒險通過平交道。

人生本來就如平交道，任何時刻都要「停聽看」。

停，就是等機會，等因緣；一切都要待機而發，待緣而成，不可莽撞。因爲停、等不是不走，只是要等到安全的時候才可以向前。

聽，就是對於好壞、善惡的判斷，你要聽一聽。你不聽，怎麼知道與你有關的聲音是好是壞呢？

看，就是注意焦點。如果目標不清，層次不明，沒有眼睛的世界是一個怎麼樣的情形，可想而知！

停，才有預備再出發的力量。聽，才知道世間人情的反應。看，才清楚前途的何去何從。

平交道因爲有一列巨大的火車，從半途忽然而過；「識時務者爲俊傑」，你不能與不可抗拒的力量去對抗，所以「退讓一步，才能保得百年身」。人生的平交道，也有很多不可抗拒的力量從旁而來，你能不「停、聽、看」嗎？

淡中有味

青菜蘿蔔不是什麼稀奇的平淡之味，但有的人一生就是喜歡吃青菜蘿蔔的清淡之味。

平淡才能持久！水因爲平淡，所以能調和各種味道；不像甜味與鹹味混合，就會雜味紛陳，所以無味是最上的境界。

平淡的生活，簡單中也自有情趣。雖然茅屋三椽，松竹數株，從平淡中也能找到自己生命的安住處。

人生可以淡，但是不能無味。例如不讀書，言語無味；無味，就是貧乏。

人生要像青橄欖，愈嚼愈有味，淡中有味，才是眞味。

❖❖❖

人生如茶味，茶有濃濃的、淡淡的、清香的、苦澀的；就好像人生，有的人要過濃濃的五欲生活，有的人要體驗淡淡的修道樂趣，有的人要品味人生的得失，有的人過著憂悲苦惱的人生。如果你會喝茶，你應該懂得如何安排自己所歡喜的人生。

四季人生

大自然有春、夏、秋、冬四季的變化，正如人生的青、壯、中、老，各有特色。

大自然的四時我們無法掌控，但人生的四時，當它屆臨的時候，我們要好好地把握和運用。

青年的春天，正是發芽成長的季節，我們要充實力量，吸收養份，具有仁慈之心，懷抱救世之志；壯年的夏天，正是萬物開花結果，我們要用它嘉惠大眾，散發生命的熱力，成長萬物；當人生的秋天來臨時，正是中年成熟階段，就要將自己的所知所得，貢獻初學，以生命秋收的纍纍果實，供養十方；到了冬天的老年，以自己一生的成就、事業，嘉惠人間，如冬陽之和煦，這不就是圓滿的人生嗎？

一棵樹要長大茁壯，必須要經過四季變化的考驗，春風夏雨可以接受，秋霜冬雪也能適應，就如寒冷地帶的樹長得那麼紮實，是因爲承得住冬雪的酷烈。人要做強風中的勁草，不要做溫室裡的花朵。

❖❖❖

人們都喜歡溫暖勝於冰寒。氣候好固然是溫暖，尊重、好話、笑容、愛護，都可以製造暖意。眞正的暖流是從心意發出的，挫折失望的時候，給人幾句溫暖的鼓勵，自然就會散發暖意，使人覺得人生溫暖。

向日葵向著陽光開放，大雁也要飛向溫暖的南方避寒。春天來了，萬物歡喜，不也就是因爲春天帶來人間的溫暖嗎？我們想要貢獻，就爲社會加溫，就做人間的春天吧！

❖❖❖

欣賞缺陷美

五體健全，相好圓滿，名之爲「美」，若缺手缺腳、缺眼缺耳，五體不全，五根不具，所謂「缺陷」，也能稱得上「美」嗎？

有缺陷的人，不要傷心失望！世間上有殘疾的人，比比皆是。太圓滿、太美好有時反而容易遭忌；有缺陷，有時反而能「因禍得福」。

佛教史上的「醜僧俊道」，由於身體不全，容貌不好，反而能眞正的安心修道，成就了一生的修道事業。玉琳國師，他的前生是個十不全的書記師，因爲醜陋，身根不全，反而激發他求道的意志。波斯匿王的醜陋公主，不能隨夫外出交際應酬，只在屋中禪淨爲伴，因而氣質改變，容貌也因此日漸莊嚴。反之，妙賢比丘尼因爲美麗，經常受到一些青少年的騷擾，她一直爲美麗而悲哀。

「麝因香味身先死；蠶因絲多命早亡。」參觀紫禁城的人，往往羨慕古代皇帝的宮殿高廣；其實房子再大，不能自由外出，反不若平民百姓逍遙自在的生活，世界更為寬廣。因此，人生如果懂得欣賞「缺陷美」，那就是自我的心中已經圓滿了。

莫護短

護短就是保護自己的缺陷、缺點。

人都有短處，短處不要緊，但不能有過失。短處不是過失，例如，不會唱歌、不會繪畫、不會外文、不會數學，此雖短處，但短不掩長，人還有其他很多的特長。

不會唱歌，會說話也很好；不會繪畫，會欣賞也很好；但今日的教育，不重改進短處，只在保護短處，稍有批評，即提出辯解護短；稍有指責，即強烈反感對方。甚至父母爲兒女護短，老師爲學生護短；朋友因情感，相互護短；夫妻因愛意，彼此護短，實爲不智之甚也。

隱藏疾病，只有使身體更加惡化；隱藏短處，只會讓潛能受到抑制。長短各有所用，能夠正視自己的短處，發揮長處，則不管是長是短，都能有所用也！

婚姻幸福之道

有一個人雖然深度近視，但是投籃每投必中，因爲他是用心眼來投球。木匠測量水平線，都是用一隻眼去看，可見獨眼看得準確。男女交往，在未結婚前要用雙眼去看，考慮結婚的時候應用一隻眼來看，結了婚以後就用心不用眼，只想到對方的好處，不看對方的缺點。

❖❖❖

在書上看到一則「嘮叨是福」——

「王先生的修養很好，不管王太太怎麼嘮叨，他從不生氣，頂多回一句：『老伴，有得完沒有？該休息了吧！』」可是王太太的聲音卻會愈來愈大。

有好一陣子，再也沒有聽到王太太的嘮叨聲，原來是她偷看了王先生寫的一首詩：

「相伴嘮叨自有緣，嘮叨半世意纏綿；

勸君休厭嘮叨苦，寧願嘮叨到白年。」

等到嘮叨聲音小的時候，也就去日無多了。

奉勸天下夫婦，無聲勝有聲，有聲更寶貴！

快樂空巢期

工業社會人口簡單的家庭，兒女長大後如小鳥離巢而去，留下夫妻二人面對空蕩冷清的房子，普遍產生「空巢期」的調適問題。

其實，人生聚散本無常，有聚必有散，應用平常心看待。平常廣結善緣，只要你有學有德，天下人都可以做你的兒女。假如爲人父母無學無德，沒有培養親子關係，就算自己的兒女，有時也會形同陌路。因此，只要你想得開，巢「空」了也很好，從此可以投身信仰，熱心公益，享受興趣的人生領域，一樣可以活出自我的幸福來。

現代的年輕父母，不要等到「空巢期」來臨，現在就要培養興趣，例如讀書、繪畫、音樂、旅遊、義工、修持等；如此才不怕將來面對「空巢」的寂寞。

我有幾點建議，供大家作參考。

第一、空巢裏，兒女飛走了，可以聚集善友來訪，充盈空巢裏的生氣。

第二、空巢裏，兒女飛走了，可以培養讀書的習慣，書中自有人和事，書中自有安心處。

第三、空巢裏，可以培養各種興趣，如寫字、蒔花、植草、養寵物等，以此來美化空巢。

第四、空巢裏，可以把關心擴展到社會公益，可以到校門口當愛心媽媽、到醫院探望病人、到寺院和十方信者廣結善緣。

第五、空巢裏，可以培養信仰，用信仰代替家庭團聚。正如《維摩經》說：「法喜以爲妻、善心誠實男、四禪爲床座、解脫味爲漿。」只要擁有眞心，巢「空」了，生命何「空」之有？

歡度老年生活

老人，要懂得享福，別管太多。要有童心，有開通的性格；要老而有用，老而有趣，老而有才，年輕人才喜歡你，你的經驗才會被人接受，才有機會成為一個退而不休的老人。

「晨起未更衣，靜坐一枝香；
穿著衣帶畢，必先作晨走；
睡不超過時，食不十分飽；
接客如獨處，獨處有佛祖；
尋常不苟言，言出大家喜；
臨機勿退讓，遇事當思量；
勿妄想過去，須思量將來；
負丈夫之氣，抱小兒之心；

就寢如蓋棺，離床如脫屣；
待人常恭敬，處事有氣量。」

做老來子

現在社會上有不少的人都願意做「老來子」。年輕的時候，爲自己打拚、創造，或者跟隨他人工作、獻心獻力。但是，人生隨著歲月的消逝，年齡老了，不適用了，使不上力了，而成爲另一種失怙的「老來子」。

老來子，要有心理建設，人老心不老，對社會還可以做經驗的傳授；老來子，「好漢不提當年勇」，但也還可以做一些輕鬆的灑掃工作。

老來子，要安度餘年，就算社會有心人給你一點因緣，你也要懂得珍惜，尤其要懂得自我調適，例如：

對往昔曾經用過你、助過你、給過你的人，點滴都應該感恩，因爲在感恩的時空裏，你會擁有比以前黃金歲月更多的人緣。

人老了，吃，吃不了多少東西；走，走不動多遠的路，所以外緣給我們的點點滴滴，都感到很滿足。每天有空氣呼吸，能不滿足嗎？經常有太陽的照耀和雨水的滋潤，能不滿足嗎？平時看山看水，看人來人往，還不滿足嗎？

青年學子，要用功讀書；年老長者，要用功修行。日常生活中閒來無事，眼睛一閉，雙腿一盤，自然會感受到與乾坤同在；口中念佛，腦中觀想，自然會有置身淨土的感受。能夠懂得用功修行，生活才有所寄託，時間才有所支配，老年的生活才會多采多姿。

老年人不要想要安閒，安閒無所事事，人家都寄望你等死。所以，老人要自己振作，要自己忙碌；要看、要聽、要做、要走，要忙著做義工，忙著各種消遣，如此則雖曰老人，不亦樂乎！

人命無常

「今日脫下襪和鞋，不知明日來不來！」

人生，什麼事，什麼理想，都要靠今天完成，明天只是個候補，不能把一切事情都拖延、寄望於明天。

世間上的事情，從今天做起，都有希望；等待明天再說，可就很難說了！

在《四十二章經》裏，佛陀問弟子：人命在幾間？

弟子甲說：數日間；

弟子乙說：早晚間；

弟子丙說：飯食間；

弟子丁說：呼吸間。

佛陀讚美弟子丁，是眞正知道生命可貴、無常迅速的人。

今日過得不踏實，又怎能期待明日？只對明日存有幻想的人，聽聽這首明日歌：

「明日復明日，明日何其多。
我生待明日，萬事成蹉跎。
世人若被明日累，春去秋來老將至。
朝看水東流，暮看日西墜。
百年明日能幾何？請君聽我明日歌。」

❖❖❖

一個人眞能體會「世間無常」，必定會有快樂的人生。因爲「無常」，世事變幻，所以，人生不是定型的。生會滅，滅會生，除非超越世間，不然都會在生滅中流轉。

人體四大

常有人問：「人是怎樣形成的？」如果從佛教角度，人是假「四大」因緣和合而形成的，「四大」就是地、水、火、風。

世間上無論什麼東西，都是地、水、火、風等四種因緣所組成。例如建築一棟房子，鋼筋、磚瓦、水泥等堅硬性的東西如「地」；水泥需要水的攪拌才能凝固，所以水泥有潮濕性的東西如「水」；鋼筋需要高溫熔鑄，才能成鋼，所以鋼筋有燥熱性的東西如「火」；磚瓦不但要經過窯燒，還要風化才能成磚成瓦，所以磚瓦有流通性的東西如「風」。

即使是一朵花，也需要有土壤、水份、陽光、空氣等因緣助成，花才能開放，所以花也是由地、水、火、風所成就。

人，經由地、水、火、風等「四大」因緣和合而成，因此稱「人體四大」，就是：

第一、骨肉毛髮堅硬性如「地」：人體的毛、髮、爪、齒、皮、肉、筋、骨是堅硬性的，這是「地大」。

第二、唾涕便溺潮濕性如「水」：人體的唾涕、膿血、痰淚、大小便是潮濕性的，這是「水大」。

第三、體溫暖氣燥熱性如「火」：人體的體溫熱度是燥熱性的，這是「火大」。

第四、氣息呼吸流動性如「風」：人體的一呼一吸是流動性的，這是「風大」。

人之所以能生存，就是因爲四大和合，如果身體有一大不調合，就會呈現病相。所以「緣聚則成，緣散則滅」。

當然，人是由父精母血爲緣，生下我們這個四大和合的身體。既然是因緣合則成，因緣滅則散，因此講「四大皆空」。但是這個「空」並不是「沒有」；空，有時候是一種存在的意思。空，是包容的，空，是建設有的意思；因爲空，所以「空中生妙有」。比方說，房子是空的，人才能居住在裏面，所以「空」才能生「有」。

因爲本來沒有這個人，四大因緣一和合，不就有人的存在了嗎？「四大皆空」就是說，地水火風這四大種的原素，他不能獨立存在、不能個體成就，他是假因緣和合才成的。

追求圓滿

人生其實就像一塊巨木，你鋸成長的、短的，都很容易，鋸成方形、矩形，也算簡單，你希望把木材變成圓形的，就比較需要費工夫了。

世間萬物，如果是方形的，不管是正方形、長方形，或是四角形、六角形，都有稜有角，有稜角就容易產生摩擦；如果是圓形的，即使是長形圓，或是橢形圓，都是「圓」。圓，才容易滾動，才能走長遠的路。

❖❖❖

人，要求獲得別人的尊重，希望獲得別人的恭維讚美，就是人情的定律。

人，希望獲得食衣住行的富有，就是生活的定律；

人，莫不希望獲得功名富貴，就是金錢的定律；

人都希望獲得健康長壽，就是人生自我的定律。

人與人之間，群我相處，愛瞋親疏，都有彼此的定律，懂得這許多的定律，就會減少糾紛。

人生不但要明白人我的定律、生死的定律、苦樂的定律；人人都能了解到彼此相互關係的定律，就會知道輕重、利害。

何時起風？何時下雨？春天爲什麼有和風？寒冬爲什麼會冰冷？家人爲什麼歡笑？朋友爲什麼不滿？能將這些定律都了然於心，做人就容易圓滿了。

生命如水

水有四德：沐浴群生，流通萬物，仁也；揚清激濁，蕩去滓穢，義也；柔而難犯，弱而能勝，勇也；導江疏河，惡盈流謙，智也。

❖❖❖

有人用油與水來形容小人與君子的性格：油的滑膩濃稠是小人，水的清白恬淡就是君子；水可以使不潔的成爲清潔，油則使清潔的變成不潔。

❖❖❖

山有多高，難以測量；水有多深，很容易知道。因爲水愈淺，流愈急；

水愈深，波愈平。

❖❖❖

一池靜止的死水，和一條涓涓細流的活水，同樣是水，但是我們即刻可以判斷出水質的不同。

死水，表示沒有生命；它沒有跳躍，沒有流動，沒有未來。而活水雖然是細流，但奔放向前，與阻礙奮戰，自能流出無限的前途。

生命一如流水；流水淙淙，永不停息。我人的心念，念念不停，恰如流水。唯識宗更將第八阿賴耶識喻爲瀑流。

生命如水！但是，有的人自己本身保守固執，不把生命、心靈跟大地眾生共同活躍起來，宛若一灘死水，無益於世。有的人讀死書，死讀書，讀書死，這都是沒有活用生命，故而讓生命變成了死水。有的人覺得做人難，人難做，難做人，這也是沒有發掘自己的潛能、才華、專長，所以活水不來，就如同死的生命。

當一個人感到自己的生命有所不足時，就是死水；當一個人不肯發心利眾時，就是死水；當一個人不願把自己的所有分享別人時，就是死水。

生命如水，不會死亡，只有流轉。水流或是激流、急流、亂流、瀑流，或是暖流、寒流，濁流、清流，載浮載沉、掙扎適應。不要怕流轉，清淨與轉進，來自流動活水，沒有流轉，死水一灘，也會腐臭。

朱熹有詩云：「問渠哪得清如許？爲有源頭活水來。」當我們有了般若智慧，就是有活水。能否活出生命的價值，就看自己的生命是死水還是活水。

幸福配方

每天說一些歡喜的話，激勵自己不要悲傷。
每天做一些利人的事，激勵自己融入群眾。
每天讀一些益智的書，激勵自己增長智慧。
每天審視聖者的慈像，激勵自己增加內心的善美。

心藥方

佛教說，佛陀是大醫王，佛法是「心藥方」，僧侶如看護師。我們的心生病了，有的時候心浮氣燥，有的時候妄想紛飛，有的時候貪欲無盡，有的時候瞋恨不停。

佛法有很多治心的藥方，例如：貪婪的毛病要用喜捨來對治，瞋恚的毛病要用慈悲來對治，愚癡的毛病要用智慧來對治，我慢的毛病要用謙虛來對治，疑慮的毛病要用正信來對治，邪惡的毛病要用正道來對治。

在《五苦章句經》說：「心取地獄，心取畜生，心取天人。」原來三塗六道都取決於吾人的心之一念；心生則種種病生，所以「心藥方」之於貪取五欲六塵爲樂的凡夫眾生，就顯得更爲重要了！

❖❖❖

心靈脆弱的人容易生病，心病需要心藥醫。因貪而起的病要以喜捨來對治，因氣引起的病要以歡喜來對治。嫉妒時，要想到：有朝一日一定要超過他；要爭氣不要生氣，而且是不爭一時，要爭未來千秋萬世。

❖❖❖

人的身體如果有毛病，會去找醫師；東西掉了，也會急著去尋回，但「心」迷失了，卻往往不知不覺。要如何安住身心，實不可不注意，而安住身心的方法，不外回頭、轉身、換性、改心。

❖❖❖

人的各種疾病當中，最難醫治的就是我執、無明、精神妄想等毛病，這些心病中的心病，即使是華陀再世，恐怕也會束手無策。例如，歷史上的「杯弓蛇影」，就是一種疑心病；又如「百日升天」，就是一種妄想病，這些疾病都不是一般的醫藥所能治療的。

有一則笑話說：一個患有神經質的病人，總是疑心他的肚子裡有一隻貓在做窩，弄得寢食難安。心理醫師與精神科醫生做各種治療、輔導，始終無法消除他心裏的疑慮。後來醫師們商量，就做一次象徵性的手術吧。

手術後，當病人從麻醉中幽幽醒來，醫師手抱著一隻貓，告訴病人：「你肚子裡的貓我已經爲你取出來了，以後你就不必再擔心了！」豈知病人聽後，看看醫生，又再看看那隻貓，滿臉愁容地說：「醫師啊！我肚子裡的貓是黑貓，不是這一隻白貓啊！」

所以，心中的毛病千奇百怪，有了心病，有時連醫師也沒有辦法。

想要去除執著的毛病，必須要用「無我」的空慧，如《般若心經》所謂「照見五蘊皆空，度一切苦厄。」當「我」也能空，「法」也能空；我、法皆空的時候，百病還能不盡皆消除嗎？

❖❖❖

人普遍都有一個共通的毛病，就是「我執」。對名利執著，對權位執著，對情愛欲念執著……，如果是擇善固執倒也罷了，有時候「以私害公」、「以邪為正」、「以錯為對」，執著無理，執著無明，眞是最大的傷害。

執著不好，但在某些方面也需要「堅持」；堅持生活規律，堅持作息正常；堅持守時守信、守道守德。是慈悲的，要堅持；是和平的，要堅持；是造福人類大眾的公德，要堅持。

❖❖❖

人生種種病痛，只因外事外物太重要了，以致——

心不能靜、氣不能和、度不能宏、口不能默、瞋不能制、苦不能耐、貧不能安、死不能忘、恨不能釋、矜不能持、驚恐不能免、爭競不能遏、辯論不能息、憂思不能解、妄想不能除，總因未淡未空之故。眞淡眞空，一切以「不執著」三字了之，此乃拔去病根之神藥也。

❖❖❖

有成見的人，自以爲是，自以爲了不起，其實在智者眼中，只不過是一個幼稚、愚癡的無知小兒。有先入爲主的看法，哪怕是錯誤的，只要能改，也不可怕；如果一再固執成見，成爲執著之病，那麼有見解倒不如無見解還來得好些。

放棄成見，凡事用客觀的態度看人、看事，不必預設立場。「是」的，就還給它一個「是」的本來面目；「非」的，就還給它一個「非」的眞相。唯有放下成見，去除我執，才能認清實相，才能擁有眞心。

提昇心靈之美

有一天，「心」對「人」抗議道；你每天只知道給身體穿好的、給嘴巴吃好的、給耳朵聽好的、給眼睛看好的、給鼻子聞好的，卻從來不知道也要給我這顆心補充一些慈悲、智慧、感動、歡喜、慚愧、惜福等養份。

這正是每天只知道追求外在美麗、感官之娛，只重資用，卻不重心靈提昇的庸俗之人的寫照。

過去有一個富翁，娶了四個太太。平時愛護年輕貌美的四太太，總是給她穿好的、吃好的；三太太仗著還有一點姿色，也頗受富翁眷顧；二太太每日忙於操持家計，無所謂愛與不愛；最不受富翁喜愛的是元配糟糠之妻。

有一天，富翁得了絕症，垂死之際要求四太太陪著同死。四太太一口拒絕，認爲生前恩愛固然好，死後相隨有何義！於是改找三太太，驚慌失措的三太太說：我還年輕，你死了，我可以改嫁。二太太則以家務無人操持爲由，只同意送上山頭。令富翁訝異的是，平時最不受照顧的元配，竟然心甘情願的答應殉葬。

這個譬喻裏的老四，指的是我們的身體；老三，就是我們的財富；老二，是我們的親朋好友；元配，正是我們的心。所謂「萬般帶不去，唯有業隨身。」「業」就是我們的「心」識，它帶著我們五趣六道裏輪迴；正是「披毛帶角因爲它；成佛作祖也由它」。

心，與我們的關係如此密切而重要，我們怎能不去關心它、美化它呢？所以，吾人在美顏美體之餘，更要美心。能夠擁有一顆美的心，才能「人天有份，惡道除名」。

不求神通

現在社會上有一些人存著僥倖的心理，總希望有意外的收穫，甚至妄想有神通，可以知道過去、現在、未來，能夠眼看、耳聽十方世界。其實，好在大家沒有神通；如果有神通，日子恐怕會很難過。

神通，一般而言有六種，稱爲「六神通」，即：天眼通、天耳通、神足通、他心通、宿命通、漏盡通。

一個暴虐無道的皇帝，如果有了「天耳通」，聽到背後有群臣罵他昏君，豈不要加重殺戮了嗎？

男女朋友，因爲有「天眼通」，看到對方另有約會，豈不要情海生波，滋生許多事端了嗎？

有了「他心通」，知道兒女、朋友、家人在背地裏都對我有意見，豈不要心生反感，造成家庭不和了嗎？

有了「神足通」，每天東南西北，到處奔波，這日子過得豈不辛苦？有了「宿命通」，知道自己過去世是貓、狗、惡人來轉世的，現在又怎能活得自在？

假如自己眞的「漏盡」了，安住在無住、無相之境，不掛念家庭、兒女、財產、名位等，如此又怎能見容於社會呢？

所以，神通除非是諸佛菩薩他們因爲有定力、戒力、能力，可以用作度眾的方便；否則，凡夫俗子還是不要有神通的好，免得成爲可怕的神通。

過去的祖師不少人都有大神通，然而所謂「打死會拳的，淹死會游的」；會神通的，死於神通。例如提婆被外道刺死、目犍連被外道壓死，可見神通抵不過業力，神通並不究竟。

所謂「怪生於罕而止於習」，如果用平常心來看，一切都平常無比。所以，吾人對時空、得失，要用平常心來看，不必要求神通，只要活得心安理得，人生就會非常的自在、快樂。

學佛更應該重視道德、慈悲，不要貪圖神通！因此希望宗教界宣揚神通的人，能夠及時剎車，不要爲神通所迷，否則誤導他人，害人害己。大家應該宣揚慈悲道德，以佛法的智慧來應世，如此才能導人正道，才能眞正發揮宗教化世之功。

以退爲進

「徑路窄處，須讓一步與人行；滋味濃的，須留三分與人嚐。」

我非常欣賞以退爲進的人生觀，當一個人前面的世界遇到瓶頸時，大可不必沮喪洩氣，後面的世界是更寬廣，更值得大家去開拓的。

李密菴的「半半歌」道——

「看破浮生過半，半之受用無邊，半中歲月盡幽閒，半裏乾坤寬展。半郭半鄉村舍，半山半水田園。半耕半讀半經廛……。」

我平常也認定這個世界是一半一半的世界：

「白天一半，夜晚一半；

善的一半，惡的也一半；

男人一半，女人也一半；

自由民主一半，專制集權也一半；

佛的世界一半，魔的世界也一半；
這個世間，眞的一半，假的也一半；
誰也無法統一另外的一半。」

❖❖❖

有一首詩形容農夫插秧：「手把青秧插滿田，低頭便見水中天；身心清淨方爲道，退步原來是向前。」有的人爲了功名富貴，總是不顧一切向前爭取。前面是險坑，跌下去會粉身碎骨；前面是一道牆，撞上去會鼻青臉腫。這時候如果懂得以退爲進，轉個彎、繞個路，世界還是一樣會有其他更寬廣的空間，這正是古人所云：「退一步想，海闊天空。」

先賢聖傑，從官場利祿之中退下，是爲了再待機緣；能人異士隱居山林，是爲了等待聖明仁君。有的人「韜光養晦」，有的人等待「應世機緣」；多少有德飽學之士都深諳「進步哪有退步高」。

春秋時候，楚王的三子季札，因爲賢能，父王要傳位於他，而他謙讓說，上有長兄，應該由長兄繼位。長兄去世以後，因其賢能，國中大臣又再舉薦他為王，他說還有次兄；次兄去世以後，全國人民又一致推舉，希望他能出來領導全國。他說「父死子繼」，應該由故世的先王之子繼任王位，故而仍然退而不就，所以後來在歷史上留下賢能之名。可見退讓不是沒有未來，退讓之後往往在另一方面更有所得。

三國時代，劉玄德知道太子劉禪無能，要諸葛孔明取而代之，但因諸葛亮謙讓，反而在歷史上留下忠臣之名。周公輔佐成王，雖是長輩，一直以臣下自居，所以能成周公的聖名美譽。此皆證明，退讓不是犧牲，所謂「失之東隅，收之桑榆」，有時以退為進，更能成功。

以退為進，是人生處世的最高哲理。人生追求的是圓滿自在，如果只知前進不懂後退的人生，它的世界只有一半；懂得「以退為進」的哲理，反而可以將我們的人生提昇到擁有全面的世界。

❖❖❖

後退，並不是畏縮不前，也不是消極厭世，後退充滿著謙遜忍讓、積極進取的精神。

不讓一步並不表示勝利，在軍事學裡，有時打勝戰並不表示勝利，吃敗戰也並不表示失敗，懂得「以退爲進」的哲理，可以將我們提升到更寬廣的境界。

❖❖❖

人生的前面只有半個世界，你回過頭來，後面還有半個世界，所以前進不一定是好的，後退也不一定不好。

人的一生，應該要能進能退，進退自如。你只知道向前，碰壁的時候，你怎麼辦呢？你只知道退後，後面有個懸崖、陷坑，你怎麼辦呢？

破冰之旅，冒險前進，你該進；退守防線，以保大局，你該退；在功名富貴場中，在感情、金錢、人事中，「應進則進，應退則退」。一個人能夠通情達理，自然也會進退有序。

觀自在

「人人都有觀自在，何必他方遠處求？」

「觀自在」是觀世音菩薩的另外一個名號，意思是說，只要你能觀照自己，你能認識自己，你就可以自在了。

例如，你觀照他人，能夠「人我不二」，你怎麼會不自在呢？

你觀照境界，不要「心隨境轉」而能「心能轉境」，你怎麼會不自在呢？

你能觀事，事情千般萬種，我只求簡單，如此怎麼會不自在呢？

我觀道理，道理玄妙莫測，我只以平常心論道，又怎麼會不自在呢？

我能觀心，心意千變萬化，我只以平常心對之，我又有何不自在的呢？

自在，自在，自在！自在處處求，原來只要我心自在，一切自然就都能自在了！

人生在世，如果有錢而活得不自在，人生也沒有什麼樂趣可言。偏偏人在世間上，「有」就是有罣礙，就是有煩惱，因此有許多人有金錢「有」得不自在；有家庭「有」得不自在；有愛情「有」得不自在；有名位「有」得不自在。因爲「有」，所以不自在。

有權力的政治人物，當遇到棘手的問題時，他搔首弄耙，一副不自在的樣子；有錢財的企業家，當金錢周轉不靈時，萬般苦思，一副不自在的樣子。

一個人如果能夠擁有世間的財富名位，而又能夠自在，當然最好；如果不能，與其「擁有」而不自在，何必擁有那麼多呢？人生世間，所圖的不就是一個幸福解脫、快樂自在嗎？

你看，兒童從小受父母管束，他就覺得不自在；婦女嫁人，受公婆要求，她也覺得非常不自在；服務社會，各種職業，感到不勝任、不能稱心，他就不能自在了。

所以，人生的意義，能在「自在」中生活，最爲成功。

你在人我是非之前能自在嗎？你在功名富貴之前能自在嗎？

你在生老病死之前能自在嗎？你在因緣果報之中能自在嗎？

你如果活得不自在，再多的事業，再多的財富，也只是增加負擔，增加束縛而已呀！

你如果能在稱、譏、毀、譽、利、衰、苦、樂的「八風」境界裏，都能不為所動，你自然就能自在解脫了，那個時候，你不就是「觀自在」了嗎！

眼不見爲淨

漢武帝有一天與寵臣壽王和東方朔談及什麼東西最乾淨的問題。

武帝問：「世上以何爲淨？」

壽王道：「世間上的萬事萬物，均以水而得潔淨。東西髒了，經過水洗就得潔淨；身體汙穢了，用水沖洗也能塵垢盡除。」

東方朔聽後不以爲然，反問道：「假如有人把尿液滲入酒裏，請問如何以水爲淨呢？」

漢武帝聽後深覺有理，再問東方朔：「依你之見，以何爲淨呢？」

東方朔答道：「臣以爲『眼不見爲淨』。」

漢武帝再問：「眼不見爲淨，那世上又以何物最爲汙濁呢？」

東方朔回答說：「那只在於見與不見的分別罷了！」

《維摩經》說：「隨其心淨則國土淨。」所謂「淨」，完全是業力上的分別。狗以大便爲美食，禿鷹以臭肉爲佳餚，吾人看之，是淨是不淨？

❖❖❖

俗云：「眼不見，嘴不饞；耳不聽，心不煩。」凡事都知道，自有知道的樂趣；有時候不知道，也有不知道的快樂。

人家背後批評我，我不知道，也就隨他去了；有一些憂煩的事，我已記不得，那就管他去吧！假如有人想算計我，有人討了我的便宜，因爲我不知道，心裏就不會有罣礙。親朋好友，有一些不順利的事，我不知道，就不會爲他憂煩；家人骨肉，發生了一些不幸的事，我不知道，也不會爲他著急。

明天有一些不好的事，我今天不知道，今天就能過得很快樂；明年我有一些災厄危難，因爲我不知道，我今年就會活得很安然。

人都希望要知道很多；其實知道得愈多，煩惱也愈多。知識不但是煩惱的根源，知識有時也會生病；知識生病了，就成爲「痴」。所以，當知道的時候應該知道，因爲太過無知，就會給人批評爲愚蠢；不應該知道的，也不必要知道，所謂「大智若愚」，如此才不會失去原有的自在。

世間上的事，都是從分別而認識、而知道；既然是分別意識中的知見，就會計較，就會患得患失。所以，僧肇大師喊出《般若無知論》，以般若智慧的最高極限是乃「無明而知」；也就是要從大圓鏡智不分別而能全部現前，這才是圓滿的眞知，否則所謂「難得糊塗」，面對世事紛紜，不知道也自有不知道的快樂啊！

欲樂與法樂

世間上的人，種種的營求，都是爲了追求快樂。

快樂處處求，大致分爲兩種，一種是欲樂，一種是法樂。

所謂欲樂，一般說，世間上有「五欲」——財、色、名、食、睡。

財——財富人人都想擁有；擁有財富固然可以爲人帶來快樂，但是「人爲財死」。因此，有錢有財有時也會帶來許多的災禍，財富有時也會造成許多的不幸。

色——男女情愛固然可愛，但是「愛河千尺浪，苦海萬重波」；愛得不當，往往增加許多無謂的煩惱，造成「欲海狂瀾」，不可自拔。

名——善名美譽，人人喜愛；可是「譽之所至，謗亦隨之」，爬得高，跌得也重。甚至「盛名之累」，有時候也會帶來許多的不幸啊！

食——千奇百味的飲食，固然飽人口腹；但是多吃，腸胃消受不了。所謂「病由口入」，何況很多的罪業，有時候也是由吃所產生的。

睡——睡，本來也是一種享受，但是睡多了，成爲懶散，被人譏爲「好吃懶做」，自己的前途也難以有很好的開展。

所以，世間的五欲之樂，只能說是一半樂，一半苦，苦樂參半。因爲，「欲樂」有染污性、有短暫性、有不確定性，所以一個人種種的辛苦，種種的勤勞所追求到的欲樂，原來裏面也有危害健康的毒汁。

自古以來，聖賢都是教誡大家不可以縱欲。佛陀雖然不是完全教誡世人要禁欲，但是，欲需要疏導，欲海波瀾，需要導之以正，所以要追求「善法欲」。

「善法欲」就是能帶給人「法樂」，所以法樂就是精神上的快樂、眞理上的快樂。例如行仁行義，就會爲自己帶來快樂；又如正知、正見、正念，也會給人帶來法喜；甚至讀書明理、聽經聞法，都會帶來法樂。禪坐裏面的輕鬆自在、安詳和諧，自是一般的欲樂所不能比；蒲團上的虔敬謙虛，與聖賢接心、交流，其安樂更非世間的欲樂所能比擬。喜捨結緣，更能在大眾裏得到許多的法樂。

所謂「欲樂不可縱，法樂不可無」；在快樂之門裏進出，你要哪一種快樂呢？

❖❖❖

愛是人性所需，也是生命的根源，沒有父母相愛，吾人何能得生？愛情與愛欲不同，常人不一定能清楚劃分。我們愛大自然、愛山、愛海、愛樹、愛花，喜歡親近但並不一定要占有。愛欲則出於自私的貪愛，總在歡樂與煩惱裏糾纏不清。

英王愛德華「不愛江山愛美人」，這是情與欲的混雜，兩者皆有；唐玄宗愛楊貴妃，則是欲的衝動，即使亂倫也毫不顧忌。

沒有欲染的淨愛是可貴的，它給人滋潤和力量，卻沒有私心和混亂，昇華的愛，成爲慈悲。

❖❖❖

人的生命是從「愛」而來的。所謂「愛不重不生娑婆」，因爲情識之中含藏了愛，所以投生到人間。然而，飲食男女，往往愛之欲其生，恨之欲其死，這是因爲把愛當作執著，把愛當成獨占，把愛當成自我，一旦不遂己意，愛就變爲恨的根源。

其實，眞愛是犧牲，是奉獻，是珍惜，是護持。我愛對方，是要成就對方的幸福美滿。男女結婚，這是愛的昇華與圓滿，如果不懂得眞愛，則愛如繩索，會束縛彼此，使身心不得自由；愛恨交纏，使片刻不得安寧；最後愛如苦海，使人在苦海中傾覆滅頂。

我們應該要把愛從狹義自私的情愛中超脫出來，做到：愛你就要成全你，就要尊重你，就要給你自由，就要給你方便。

如能把對某個人的愛，擴及到一切眾生，則宇宙世間，何其寬廣啊！

離苦得樂

《遺教經》云——

「若欲脫諸苦惱，當觀知足。

知足之法，即是富樂安穩之處。

知足之人，雖臥地上，猶爲安樂；

不知足者，雖處天堂，亦不稱意。

不知足者，雖富而貧；

知足之人，雖貧而富。

不知足者，常爲五欲所牽；

爲知足者之所憐愍，是名知足。」

故一個人快樂與否，非金錢的多寡可評，錢財的好與不好依「使用」價值而論。積德比積財更能讓子孫受惠，一個眞正富有的人應：

一、外財與內財兼具。
二、接受與施捨並行。
三、擁有與享有同受。
並備有「以無爲有」、「以眾爲我」、「以空爲大」的人生觀。

❖❖❖

對人生報持施捨的態度，會使我們的命運更富裕，慳貪的觀念只有使我們更貧乏，懷著愛心對待世間的一切，生活是快樂的，世界是美麗的，娑婆就是淨土。反之，如果對世間充滿瞋恨，清涼的佛土也會便成火宅。我們希望能擁有什麼樣的命運，就該培養正確的觀念。

❖❖❖

人生所以會苦惱，有的是對苦樂太計較，就被苦惱所牽制；對榮辱太計較，就受榮辱所牽制；對得失太計較，就被得失所牽制；對生死太計較，就被生死所牽制。如果能從中解脫出來，自在、快樂自然唾手可得。

心發願成

古人一直叫人立志，行者一直要人發願；立志、發願，就是發心。心一發，則志可立；心一發，則願可成。

發心的力量眞是微妙。你發心吃飯，飯菜不但可以吃飽，而且味道更加美妙；你發心睡覺，覺會睡得更加甜蜜、更加安然。只要一發心，所做的事情，品質就都不一樣了；正是所謂「平常一樣窗前月，才有梅花便不同。」

心就好像一畝田，就像一塊地。你開發這塊地，地的價值就不同了。你在你的心田上開發新的品種，開發農耕的新方法，你田畝的價值就不一樣了，你福田裏的收成就不同凡響了。

人，大多心外求法，大都不知道自家裏有無限的寶藏；心地、心田開發以後，也是價值無限喔！

發心的人，表示富有；貪心的人，表示貧窮。

在佛教裏，鼓勵人要發慈悲心、要發菩提心、要發增上心。省庵大師的《勸發菩提心文》說：「嘗聞入道要門，發心為首；修行急務，立願居先。心發，則佛道堪成；願立，則眾生可度。」只要發心，何事不辦？

耕耘心田

有一天，佛陀出外行腳托缽，遇到一位婆羅門正在田裏耕種。

婆羅門見了佛陀，即刻向前質問：「佛陀，你爲何不自己耕種，爲何不以自己的勞力來換取生活所需呢？」

佛陀含笑回答：「我時時刻刻都不忘辛勤耕耘啊！」

婆羅門不解：「我不曾看過你用犁、軛、鏟來耕種啊？」

佛陀慈悲地說：「眾生都是我的田地，信心就是我的種子，善法就是露水，智慧是陽光，持戒是我的犁，精進不懈是我選的牛，正念是繫牛的繩，眞理是我握的柄，身口意三業煩惱是我要鏟除的穢草，不生不滅永恆的淨樂是我耕耘收穫的果實。」

佛陀耕耘的，正是心田。

❖❖❖

開發自我內在的慈悲心、歡喜心、感恩心、知足心、慚愧心、道德心、信仰心。這些都是無窮的寶藏，它可以讓我們在面對無奈、不滿、不悅、不適、不情願、不歡喜、不平的境界時，以另一個「心」去欣賞、去接受，能在我們心胸包容下的人事物，即能趨於圓滿而沒有缺陷。

培養器量

宋朝宰相富弼，處理事務時，無論大事小事，都要反覆思考，因爲太過小心謹慎，因此就有人批評他、攻擊他。

幕僚人員對富弼說：「有人在批評你！」

富弼一點也不在意，說：「一定是在批評別人。」

幕僚說：「報告宰相，他不是在批評別人，他是指名道姓批評你呀！」

富弼淡然回答道：「天下同名同姓者也很多。」

一個人的事業成就大小，就看你的器量如何。

你的器量不顧別人，只顧自己，只能養己；你的肚量能涵容全家，就能做一家之長；你的肚量能包容一縣，就能做縣長，能包容一省，就能做省長，能包容一國，就能做國主。

人有一分器量，便有一分氣質；人有一分氣質，便多一分人緣；人有一份人緣，必多一份事業。所以器量對人生的事業成功，至關重要。

如何「養量」？

一、小事不要太和人計較，要經常原諒別人的過失，但是大事也不要糊塗，要有是非觀念。

二、不如意事來臨時，能泰然處之，不為所累，器量自可養大。

三、受人譏諷惡罵，要自我檢討，不要反擊對方，器量自然日夜增長。

四、學習吃虧。便宜先給別人，久而久之，從吃虧中就會增加自己的器量。

五、見人一善，要忘其百非。只看見別人缺點而不見別人的優點，無法養成器量。

要知道「占便宜處失便宜，喫得虧時天自知；但把此心存正直，不愁一世被人欺。」有量終有福，不會永遠吃虧。

要養深積厚。小船、大船、航空母艦，各種類型的船隻，其吃水程度各有不同，吃水深的不易受風浪拍打，碰到不如意的事時，只要能熬得過去，就沒有什麼事了。

開啓心牢之鑰

一個人做了違法的事，縱然沒有受到國法的制裁，但卻逃不過自己良心的責罰，因而終生住在「心的牢獄」裏。

有的人犯了法，身陷囹圄，若是懂得反省、知道懺悔，反而得到了心靈的解脫，得到了靈魂的自由。

坐心牢，表示還有良知、懂得慚愧；若是少不更事或恬不知恥，心中沒有牢獄，將來因果報應，還是免不了刀山劍樹的地獄之災。

佛經裏有所謂的十八種地獄，分別是八寒、八熱、孤獨、近邊等地獄。其實這些地獄也就是我們自己心中的牢獄，例如：欲望的牢獄、瞋恨的牢獄、我執的牢獄、愧疚的牢獄、懊悔的牢獄；驚慌恐懼的牢獄、灰心絕望的牢獄、憂悲苦惱的牢獄等。

如何才能從「心的牢獄」裏解脫出來呢？

第一、信仰的鑰匙可以開啓心牢之門，到達快樂的天堂。
第二、慈悲的鑰匙可以開啓心牢之門，到達無爭的領域。
第三、智慧的鑰匙可以開啓心牢之門，到達光明的淨土。
第四、道德的鑰匙可以開啓心牢之門，到達完美的世界。
聰明的你，是否找到開啓心牢的鑰匙了呢？
每個人在白天繁忙應對時，很多事情都可以無動於衷，但是到了晚上，就很容易在腦海裏反芻，故行一件好事心中泰然，行一件歹事衾影抱愧，此也是「心牢」之分際也。

心念如種子

一顆種子很小，卻可以改變世界。

二千多年前，佛教的高僧大德從印度來華，他們攜帶了一些種子，今天中國的胡桃、胡椒、胡瓜、胡麻等，這些「胡」的品種，才得以在中國繁衍不息？

我們每做一件事，每起一個念頭，每說一句話，不要以爲是很小的事情。

聽過「蝴蝶效應」的理論嗎？在北京的一隻蝴蝶翅膀振動一下，就可能掀動歐洲的空氣，「莫以善小而不爲，莫以惡小而爲之」，這就是「一顆種子」的原理，不能大意。

❖❖❖

沙土田地可以培育出豐收的禾苗，骯髒污泥裡也可以生長出清淨的蓮花。因此，外境的好壞並不重要，要緊的是我們能否成爲一顆有用的種子，因爲種子好，才能結出美好的果實。一個人最重要是要讓世間上的春夏秋冬、風霜雨雪來轉化爲自己的成長因緣，縱然外境一直在不斷地變化，我們心中要清楚地知道：成長、進步，才是我們一生的志業。

養身與養性

眼睛的健康食品，是看有益身心的書籍、影視；耳朵的健康食品，是聽好話、聽悅耳的音聲；身體的健康食品，是舒適、充足的睡眠，以及適度的運動；心的健康食品，是滿足、感恩、信仰、沉靜、安忍、自在，以及包容、寬心、溫和與體諒。

《菜根譚》云：「知生之必死，則保生之道不必過勞。」身心健全、生活自在，才是真正的健康食品。

❖❖❖

一碗道心粥勝飲人生參，一杯清和茶勝喝瓊玉漿，
一口菜根香勝嚼酒肉飯，一念思無邪勝辦滿漢餐。

從前的人養生重視進補，現代人養生，可以運動，可以勞作，可以注意飲食，可以和大自然結合在一起。

佛教裡的養生之道，注重作息正常，飲食節制，減少欲望，少貪少瞋，少嫉少惱。也有人用禮拜、禪坐、經行，乃至蒔花植草、出坡作務，做爲養生之道。

養生之外，還要養性，心性要平和、廣大、安然，如果心性閉塞、強硬、執著、迷闇，要想明心見性，難矣！人的心性如水，水明如鏡、水淨如天；但因無明業風，使心性之水掀起了滔天波浪，所以修心養性，就是要把心性導之於渠、導之於平，否則容易氾濫成災。

養生，是形可立；養性，是心完成。有形有神，形神俱足，才能成就完美的人生。

❖❖❖

積極護生

佛教提倡不殺生，不殺生是一種慈悲；不殺生而護生，進而倡導生權平等，這是最合乎現代舉世所關心的生態保育，也是最積極的重視環保。

根據佛教《六度集經》記載，佛陀在過去世爲鹿王時，曾代替母鹿捨身，感動國王制定動物保護區，禁止獵殺。佛世時阿育王更廣植樹林，庇蔭眾生，設立動物醫院，規定宮廷御廚不得殺生等，凡此都是佛教對於護生的最好示範。今人若能設立動物之家，讓動物養老、醫療等，都是積極的護生。

現代素食風氣興盛，素食不僅有益健康，而且可以長養慈悲心。慈悲心就是不忍眾生苦之心；平時我們在日常生活中，偶一不小心割傷或燙傷手指，即感痛楚，然而有些人卻爲了一己口腹之欲，殺雞拔毛，宰豬殺牛，活魚生吃等。在此之時，可曾體會牠們垂死之痛？所謂「一指納沸湯，渾身驚欲裂；一針刺己肉，遍體如刀割；魚死向人哀，雞死臨刀泣；哀泣爲分明，聽者自不識。」

豢養寵物也是現代人的時尚；然而所謂「人在牢獄，終日愁欷；鳥在樊籠，終日悲啼；聆此哀音，凄入心脾；何如放捨，任彼高飛。」把鳥雀關在牢籠裏，形同囚犯；如此虐待動物，亦不合護生之道。

現代人的娛樂，釣魚、釣蝦場到處林立，有的人雖然醉翁之意不在酒，純粹以垂釣爲樂，儘管釣上來之後又再放生，但當下已對魚蝦造成傷害；如此欺負弱小，何樂之有？

其實，護生最大的意義是放人一條生路。給人方便、給人救濟、給人離苦；給人善因好緣，助成別人的好事等，這就是放生。放生、護生，才有生命的尊嚴。

幸福觀

有的人以爲有錢就會幸福，但是錢帶給人煩惱痛苦的例子不勝枚舉；所謂「人爲財死」，盜匪殺人，不都是見財起意的嗎？

大陸文革時，清算鬥爭的對象大都是有錢人，有錢人的痛苦遭遇有時反而比沒有錢的人更多。

有的人以爲有愛情最幸福；愛情很美，但愛情帶給人的痛苦更多。社會上多少不幸的悲劇，都是源於「情關」難過；多少人爲情所困，導致身敗名裂，甚至於「春蠶到死絲方盡，蠟炬成灰淚始乾」，不都是因愛情而起的嗎？

有的人認爲有了名位就會幸福，名位可以滿足人的雄心壯志，但一般人名位高了，往往不懂得普利大眾，只知高高在上，反而失去了群眾，甚至失去了自己。

金錢、愛情、名位，的確有可能帶給人幸福，但要看如何調和。有錢，要會用錢，不要被錢所奴役；愛情要淨化、昇華，不能自私、染污；有名位，若能把眾望所歸的成就，再來分享大眾，人我兩利，豈不更好？

了解平等

有一隻貓，捉到一隻老鼠。老鼠對貓抗議道：「你是生命，我也是生命，大家應該平等相處，你怎麼可以吃我呢？」

貓一聽，沒想到老鼠也懂得平等，還要求平等。那好，貓就告訴老鼠說：「我就給你吃吧！」

老鼠說：「你是貓，那麼大，我怎麼吃你呢？」

「你那麼小，既然不能吃我，那我就吃你了！」

老鼠默然！

佛教主張「人人皆有佛性」，這種本性上的平等。不過，理上雖然「生佛平等」，事上卻有「因果差別」。因此，從本性上說，雖然人人皆得成佛；但在事相上，因爲個人的福德因緣不一，就有聖凡之分。

眞正的平等是立足點的平等，而非齊頭式的平等。一場賽跑，每個人的起跑點都一樣，但是槍聲一響，大家奮勇向前，各人的速度快慢不一，彼此各憑本事爭取第一，不能要求大家同時抵達終點，這才是眞正的平等。

「平等」的主張可以消弭人世間的不公平；平等必須植基於人我互尊，要能不分大小、不分貧富，都要互尊，才能做到自他平等。事理都能平等才能帶來世界的和平。

虛榮毫無價值

有兩個人在吵架，吵得不可開交，旁邊圍攏著一群人，想替他倆勸解。

首先，一個裝著金牙的人說道：「請你們不要吵了，讓我來給你們陪個笑吧！」說著就咧開滿嘴的金牙大笑起來。

這時，有一個臉上擦粉的人，很快地站起來，指著自己的臉說道：「請你們不要吵了，賞給我一個薄面吧！」

手上戴著金戒指的人，立刻握起拳來，在空中揮舞了一下，說道：「你們如果再吵下去，我就給你們一人一拳。」

腳下穿著新皮鞋的人，說道：「你們如果還要再吵，我可要給你們一人一腳。」說著，撩起褲管，作勢將腳抬了起來。

一個身上穿著新衣服的人，奮勇向前大聲說道：「請不要再吵，一切都包在我的身上吧！」說著，拍拍自己的胸膛。

這一群看似排難解氛的人，實則想藉機滿足自己的虛榮。虛榮心毫無意義、毫無價值，但世間人常以此自欺。有的人用身外之物講究名牌展現虛榮，有的人凡事愛出風頭、喜歡受人讚美、經常吹捧自己等等，諸多浮華不實之事，都是虛榮心的表現。

只學會虛榮，不肯務實的做人做事，就如一棵沒有根的樹，是很容易枯萎的，又如一棟地基不穩的大樓，隨時都有倒塌的可能。所以吾人應知，虛榮只是一時的，務實才是永久的。玄奘大師的「言無名利，行絕虛浮」，正是我們最好的學習典範。

幸福的眞諦

爲了得到幸福，非得從親自去找幸福開始不可。

凡事順遂並非就等於幸福，在追求幸福的途中，或許才是最幸福的時刻。

❖❖❖

幸福絕非存在於目所能視的世界中，眞正的幸福潛藏於目所不能視的事物中。

過著什麼也不缺的生活的人，是無法了解何爲生活的幸福。

欲望愈少，愈能享有幸福的人生。

窮一生去追求幸福，你永遠也無法幸福，即使手握著最愛的東西，也不覺得幸福。

❖❖❖

愚者以爲幸福在遙遠的彼岸，聰明者懂得將周遭的事物培育成幸福。

❖❖❖

在漫長人生經驗中學習到的教訓是：只有自己能給自己幸福。

❖❖❖

在心中尋找和平的人，是最幸福的人。

雖然人生只剩下對未來的憧憬，仍然是一種幸福。

知足如點金石，可使接觸的東西變黃金，就是幸福。

❖❖❖

其實人生的前途，榮華富貴並不一定就永久快樂，販夫走卒也不是一輩子勞苦。一個人只要心安理得，適如其分的做其「本分」事，即是幸福。

❖❖❖

人與動物最大的不同，是人會微笑，因此有表情是爲「人」最大的幸福。所以對徒眾性格的培養，我的要求是將自己的「神」提起來，做個有活力的「神」。

歡喜修行

什麼才叫歡喜？
吃好的，不一定歡喜，因腸胃吃壞了就歡喜不起來，
跳舞跳累了，打牌輸錢了，都不會歡喜，
唯有從聞法中得到的法喜，從打坐、禮佛、
禪定、結緣、讚美中才能得到真正的歡喜！

生活中修行

修行，就是修正行爲。食衣住行、行住坐臥之間，乃至做人處事、交友往來、舉心動念、晨昏時空，都可以修行。

飲食三餐，美味可口，人之所欲；粗茶淡飯，也覺得別有滋味，這就是飲食的修行。

穿著衣服，莊嚴整齊固然需要，但是破舊敗壞，只要清潔淡雅，也無不好，這就是穿衣的修行。

居住房屋，深宅大院，固然很好；簡陋小屋，也如天堂，這就是居住的修行。出門有汽車代步，快速敏捷；無車無船，也能安步當車，這就是行走的修行。

做事勤勞負責，求全求成；做人誠實正直，求眞求圓；交往情眞意切，接物至誠懇切，這就是生活中的修行。

最近深有所感，提供幾句話給大家參考——

「不急不急，安全第一」、「不急不急，禮貌第一」、「不急不急，謙讓第一」、「不急不急，健康第一」、「不急不急，未來第一」、「不急不急，倫理第一」，凡事都「不急，不急，佛道第一」。

佛道不是特效藥，在「不急不急」中去修行，才能成功。現在最要緊的是自我學習，因爲學習第一，在學習上，要急，要急，要快一點！

歡喜與憂煩

歡喜，是人人所追求的，世界上最寶貴的東西，不是金錢，也不是名位，而是歡喜。

一個人如果有了財勢名位，可是生活過得不歡喜，人生也沒有什麼意義。因此有人以「安貧樂道」爲歡喜，有人以「無事自在」爲歡喜，有人以「平安是福」爲歡喜，有人以「知足常樂」爲歡喜。

憂悲煩惱也不一定不好，佛法未興，眾生未度，怎能不叫人憂煩？國事紛擾，人心不淨，才是眞正的憂煩！憂煩自己德性不夠精進，憂煩自己能力不見增長；憂煩自己待人情意不夠眞實，憂煩自己對人服務不夠貼切。因此，憂煩其實也是仁者之心；能夠「憂道不憂貧」，就是仁人之心的體現！

《岳陽樓記》云：「不以物喜，不以己悲。居廟堂之高，則憂其民；處江湖之遠，則憂其君。」人，固然不可以把歡喜建築在別人的痛苦之上，更不應只爲自己一人一事而歡喜，而應以天下蒼生爲念，即使是一個小老百姓，也應該以一家人的溫飽、平安、和諧而歡喜；應以一社區的鄰居之團結、互助、友愛而歡喜；應以跟隨的老闆、主管、長官之順利、得到利益而歡喜。總之，要以他人的歡喜爲歡喜，則庶盡道矣！

「歡喜」讓這個世界充滿了色彩，「歡喜」讓我們的人生充滿了希望；沒有歡喜只有憂悲，這是不懂生活；有歡喜也有憂悲，此乃人之常情；能夠「無憂無喜」，則是更高的修養，也是最有智慧的處世之道。

❖❖❖

有修養的人，在生氣的時候更要保持小聲說話，保持平靜微笑的樣子，就能抗拒生氣。

要生氣了，不要給人知道，找個適當的時候離開現場，到外面透一下空氣。

生氣時，可以自問：我到人間來，就是爲了生氣的嗎？當然不是，我是爲歡喜而活著的！

❖❖❖

歡喜比財富重要，一個人若擁有財富，但不歡喜，也不會快樂；保有一顆歡喜的心，比任何財富都珍貴，更何況，財富不一定要占有，能享有也很美。

創造歡喜，給人歡喜

我覺得一個人，隨時隨地都可以修行，抱著一種欣賞歡喜的心態，日子會過得很愉快。如塞車時，心不要急，正好乘此機會欣賞平常看不到的各種車型。

世界是一個展覽會，到處都可以欣賞，如果有「不喜歡」的人、事，日子就會很難過。其實世間上，沒有什麼眞「歡喜」的，歡喜是自己創造的，要將歡喜創造出來，以供養十方。

❖❖❖

現在社會上流行一句話：「只要我歡喜，有什麼不可以？」這是一種很危險的思想！人家不歡喜、不合道德的，就是你歡喜，也不可以做。這句話應改爲「我歡喜，別人也歡喜！」這就什麼事都可以做了！

凡是與人有利的、對人好的，你不歡喜，你也得歡喜，因爲這個社會是共有的，由不得你個人「歡喜不歡喜」；凡是對別人無利、無益的，就算你歡喜，也不可以爲之，因爲你的「歡喜與不歡喜」，要受輿論來裁決。

人生在世，要讓社會大眾歡喜地接受你，你就得以別人的歡喜爲歡喜、以別人的不歡喜爲不歡喜，眾意必然能規範我們個人的行爲，因果也能裁定我們的行爲。所以，「歡喜與不歡喜」，有所爲、有所不爲也，不能不慎之。

見賢思齊

有人說佛教崇拜偶像，在我看來，偶像是心中的典範，是昇華的信仰。心中如果沒有偶像，如何能「見賢思齊」呢？

見到佛陀的聖像，我們頂禮膜拜；見到耶穌的十字架，我們也給予讚美啊！歷史上的聖賢明君、忠臣義士，是我們的偶像；甚至父母師長、有德有學的朋友，也可以成爲我們的偶像啊！

一塊布做成了國旗，我們可以爲它犧牲，因爲它不再是一塊布，它代表了國家。一塊木材拿來做成祖先的牌位，我們就要把它供奉起來，這就是偶像的崇拜。

佛教在隨順世間法上，主張人要有偶像的崇拜，但在第一義諦的教義裏，則沒有偶像的觀念。正如一個人，還沒有過河前需要船筏，一旦過了河，當然就不必背著舟船走路了。

昔日的丹霞禪師在一間寺院裏掛單，因爲天氣嚴寒，於是取下木刻的佛像來烤火，當家師一看，非常生氣的斥道：「你爲什麼燒佛像？」

丹霞禪師說：「我在燒舍利！」

「胡說！木頭的佛像哪裏有舍利？」

「既沒有舍利，要它何用？那就多拿一些來取暖吧！」

保護佛像的當家師並沒有認識佛性；燒佛像取舍利的丹霞禪師，反而才是認識佛法的人。

所謂偶像，不在外面，而是建立在我們的心上！外面的偶像只是爲了啓發、建立我們心中的偶像，因爲所謂的「偶像」，可以讓我見賢思齊！所以佛教是拜偶像的，佛教也是超越偶像的，有沒有偶像，要不要偶像，其實還是在於我們自己！

降魔

魔，人人害怕，魔在哪裏？

魔不一定都面露猙獰，醇酒美女、菸槍毒品，都是誘人的姿態。

魔，也不一定是外在的，內心裏的瞋恨嫉妒，不也是魔嗎？

金錢的陷阱是魔，愛情的誘惑是魔，內心的煩惱是魔，凡是障礙我們，讓我們陷於不拔之地的，都是魔的力量。

魔，不是我們肉眼凡夫能夠看得清楚的，必須用定力、慧力、信力，才能降魔。

實現理想

《佛光菜根譚》說：是一等根器的人，憑著崇高理想而行事；是二等根器的人，憑著常識經驗而工作；是三等根器的人，憑著自己需要而生活；是劣等根器的人，憑著損人利己而苟存。

缺少理想、缺乏抱負的人，因爲無願、無熱、無心、無志，在工作上便會有無力感，終日拖磨，一事無成。

理想就是正當的希望！每一個人在一生中都有很多的希望；而崇高的理想，則是我們正當的希望。

登山者，所以能征服高山，因爲這是他的理想；航海者，所以能夠征服海洋，因爲這是他的希望。人類能夠登陸月球，因爲他有探索虛空的願望；禪修行者能夠閉目冥思，只爲了探索內心神祕的世界。

歷史上多少偉大的事業，都是靠著理想和願望所產生的力量而能成就。

懷抱理想，可以使生命發光發熱，實現理想，人類才能不斷地進步。

❖❖❖

人，因爲有夢想而偉大，夢想而能夠實現者，就是理想；不能實現，就是妄想。

有夢想是好事，夢想激勵創造，可能擴大有限的生命和世界。但光是夢想沒有用，前途要靠自己「一步一腳印」慢慢的走出來、做出來。只說不做，或是做得不周全、不踏實，再偉大的夢想，也只是一場春秋大夢，夢醒了，一切都是空的。

❖❖❖

人人都有夢想，夢想可以成爲理想，但也可能成爲妄想。

理想是有目標，有計畫，有步驟，有實現之可能。妄想是虛妄的，雜亂的，浮面的，不可能實現的。

妄想不能有成，反帶來焦躁、煩惱。《法華經》說：「不怕妄念起，只怕覺照遲。」覺照就是要落實你的思想，實踐你的理想。

佛教在人間實踐了二千多年，產生了一個偉大的理想「人間佛教」。人間佛教旨在創造家庭的淨土，創造社會的淨土，創造心中的淨土，所以要散播慈悲的種子，散發歡喜的芬芳。

曾幾何時，才幾年的時間，眼看人間佛教已經開花結果了，可見只要能切合人類需要的理想，還怕理想不能實現嗎？

無量壽

有一個富翁過六十歲生日，請良寬禪師爲他誦經祈壽。禪師問：「你要求多少歲壽呢？」信徒想了一想，說：「再求二十年吧！」禪師說：「你已經六十歲了，再過二十年，才八十歲而已，太少了吧！」「難道可以再增加嗎？那就一百歲吧！」良寬禪師說：「一百歲也只是增加四十年，也是很快就會過去的！」「難道可以求一百二十歲嗎？」「一百二十歲，也只不過是增加六十年；你已經有六十歲了，再增加六十年，也沒有什麼了不起！」富翁問：「那怎麼辦呢？」良寬禪師說：「那就求『無量壽』啊！」

生命是不死的！人的軀體有生滅，眞正的生命是不死的！我們每個人都有一個不死的生命，那就是我們的眞如自性！

有人說：「人生七十古來稀」；也有人說：「人生七十才開始」。生命沒有「古來稀」，也沒有「剛開始」；生命是「無始無終」的。

人的生命，這一期過了，還有下一期，甚至有無限期的生命；正如花果萎謝了，只要留下種子，就會有第二期的生命、第三期的生命，乃至無量無限期的生命。

人的軀體是有爲法，是有生有滅的；但是生命、心靈是無爲法，可以無量壽。

「無量壽」是阿彌陀佛的名號；阿彌陀佛不但「無量壽」，又叫「無量光」。無量壽是超越了時間；無量光是超越了空間。

如果我們能把我們的精神、智慧、貢獻，都流入到無限的時空中，我們不就是「無量壽」了嗎？

❖❖❖

人的壽命到底有多長？我覺得要隨緣自在，活到適當時刻就好。人的生命是生生不息，輪迴不已的，所以學佛者是相信生命不死的。不要去罣礙活多久，做一天人就要盡一天人道。

有信眾用陳雲的話與我討論養生之道：「每天少做事，才能活得久；活得久，才能多做事。」我倡導人生三百歲，少做事怎能活三百歲呢？我提倡一個人每天做五個人的工作：講演、開示、寫作、簽名、照相、閱報、看書、會客、談話、錄影，有時候將自己的工作列一張統計表，做了六十年，也等於活了三百歲。以「珍惜時間就是惜福，否則就是殺生」來自我勉勵。人生的意義不在於它的長短，而是在於它的價值。我期盼佛光山的弟子都能夠朝著「人生三百歲」的目標來努力進取。

❖❖❖

人人都希望擁有「健康」，並且還要「長壽」。

如果只有身體上的健康，而沒有心理的健康、情感上的健康、事業上的健康、財富上的健康、人我關係上的健康、宗教信仰上的健康來陪襯身體的生存，那就是人生有了缺陷，並不算是一個健康的人生。

長壽，不只是肉體上能活到八十歲、一百歲，便叫做「長壽」。龜鶴、松柏均長壽，對人間的貢獻究竟有多大呢？若沒有言教上的長壽、工作上的長壽、名聲上的長壽、道德上的長壽、智慧上的長壽、和諧上的長壽作爲生命的內涵，其實長壽也是沒有什麼價値的。

求健康，不如求健全更好；求長壽，不如求無量更好。想要健康、長壽的人，對此道理不能不知，不能不注意啊！

自我克制

佛教裏的晚課「是日已過，命亦隨滅」，這是要我們對時間的自制；過堂用齋時「大眾聞磬聲，各正念」，這是對思想的自制。《佛遺教經》的「如蜂採蜜，但取其味，不損色香」，這是要我們對飲食的自制；《普賢警眾偈》的「當勤精進，如救頭燃」，這是要我們對於懈怠的自制。古德的「衣不重裘，脅不著席」，這是對生活的自制；常不輕菩薩的「我不敢輕視汝等，汝等皆當作佛」，這是對別人人格的尊重，以防傷人的自制。

古今的名人在牆壁上懸掛對聯，或者在案桌邊書寫座右銘，都是爲了自我克制。

在聲色貨利的前面，我們要能自制；在權力名位的前面，我們要能自制；在冤家仇敵的前面，我們也要能自制。

布施，就是要我們對金錢物資要能自制，不要過分貪著；持戒，是要我

們在生活上能防非止惡，有自制的力量；忍辱，也是要我們在人事上能克制自己的瞋恚，養成柔和的性格

自制，說時容易，用時很難，所以一般人「講時似悟，對境生迷」；當境界忤逆不順的時候，義理人情，是非道理，一概都拋諸腦後，此即由於未能養成自制的功力也！

人，受苦受難的時候比較容易自制；人，受氣受惱的時候往往就難以自制了。自制，不是在平時閒居的心情；自制，是面臨侮辱、委屈、傷害的時候，能夠自我克制、自我化解。尤其處在今日聲色犬馬的社會，人我利害衝突之中，面臨一切橫逆的境界，我們更需要自制呀！

逆增上緣

艱難困苦可以打倒一個普通的人，卻挫敗不了一個有爲的人。順因緣固然可以助人成功，不順的因緣一樣可以激發人潛在的力量，成爲勵志向上的「逆增上緣」。

禪門鼓勵人，寒時到寒冷的地方去，熱時要往熱的地方走，可見在逆境中也自有另一番的天地！

在狂風暴雨中，一根孤單的刺竹，它可以昂首挺立，屹立不動；在南北極的冰天雪地裏，有許多的動物，它們依然奮勇的生存著。一個有爲的青年，愈是受人歧視，他會更加發憤，有所作爲；愈是被人欺負，他會更加爭氣，力爭上游。

人不要害怕不順的逆境，在人生的路上，大石擋路，你可能被它絆倒，你也可以把它當成眺高望遠的墊腳石。人的成功與失敗，就看你是否能將

「逆境」化為「增上緣」，因為：沒有黑暗，哪裏有光明呢？沒有罪惡，哪裏有善美呢？沒有污穢，哪裏有潔淨呢？沒有差別，哪裏有統一呢？

❖❖❖

人生有無常之苦，所以應該珍惜人生，爭取時間；應該做的事，要及早把它做完。

人生有老病之苦，所以要及早學習「與病為友」，甚至能夠視死如歸，早有準備；即使面對死亡，又何必畏哉！

人，應該知道東南西北，四方廣大，不易周全之苦；能夠懂得「失之東隅，收之桑榆」，就能建立「悟得心空及第歸」的修養。

天將下雨，就要準備雨傘；得知大風雪即將到來，就要事先儲糧。社會經濟風暴，就要懂得儲財；人心險惡，就要知道對人尊重。如果一切懵懂無知，後果來臨，不堪設想。

知苦是學道的增上緣，不知道苦，就不懂得精進。知苦，才能不為世道洪流所淹沒。

❖❖❖

對不喜歡的人事，要看成是一種病，與之相處的方式不外用愛護對方的心，來代替厭惡的心，比較容易化敵為友。

世間上的事，不管苦樂都要自己去處理，不要太排斥；為人處世，時時要心存感恩，即使不如意的也是逆增上緣。縱遇到冤家對頭，也要對於頑強眾生有包容心，對於怯弱眾生予以鼓勵——「只從柔處不從剛，只想好事不想壞；服務勤勞不後退，謙和恭敬滿芬芳。」

幽默，才有禪味

有一位美麗的女郎，三十多歲尚待字閨中。有人問他：爲什麼還不結婚？她回答說：找不到幽默的男人！

過去的婚姻，女方都要求男士要門第高貴、書香世家，要有田產財富，或是學業有成等等。而現代的女士則要求幽默，可見幽默已經超越財富、家世、學問之上了！

西方人倡導幽默，東方人比較嚴肅。幽默用於人際之間，就像菜裏加那麼一點鹽，味道就不同了。

生活中，很嚴肅的問題，一句幽默，可以化解凝重的氣氛，大家輕鬆無比，心情豁然開朗；商場上，僵持的會議，一點幽默，可能就在哄堂大笑中，議案、癥結就能迎刃而解。

幽默要諧而不謔，不是惡作劇；幽默要能讓對方感到會心的甜蜜。它是一種生性的靈巧、活潑，有時候想學也學不來，必須從小培養一種與人共享、共樂的雅量，才能有幽默的習慣。

禪門的祖師們，一揚眉、一瞬目，一舉一動，都在表達禪機說法。禪，其實就是幽默；幽默，才有禪味。有一次，有人問趙州禪師：「如何參禪悟道？」趙州禪師說：「我要小便去！」隨後又回頭對問道的人說：「這麼小的事，還得我自己去做呢？」問者於言下大悟！這就是幽默的寶貴。

八十樓的人生

有兄弟二人，外出登山，下山後回到八十層樓高的家，正好碰上大樓的電梯故障。兄弟倆急於返家，決定爬上去。

當爬到二十層樓，他們並不覺辛苦，心想自己是登山好手，何懼高樓？爬到四十層樓，這時感覺有些累了，尤其行李中的登山裝備，非常沈重。兄弟二人於是商量，決定暫時把行李放在第四十層樓，等到電梯修好再來取。

他們繼續往上爬，到達了六十層樓，兩人開始氣喘噓噓，舉步維艱。但是仔細一想，都已經爬到六十層樓了，距離住家的八十層樓，只剩下二十層，還有何難？於是儘管辛苦、疲倦、氣喘、流汗，種種的困難，腿酸力盡，終於爬到了第八十層樓。

當哥哥準備要開門進入屋子的時候，忽然大喊一聲：「糟糕！鑰匙放在行李中，沒有帶上來！」兄弟倆像洩氣的皮球一般，感到一片茫然。

八十層樓的生命就像八十年的歲月。最初二十層樓的人生，青春力壯，無限美好。但是到了四十歲，爲了家計兒女，生活的重擔，就如行李的負擔，難以負荷。這時候有的人就把這個負擔放在四十歲，繼續登上六十樓。六十歲的人生，已經感到體力不繼，不過人生往高處走，只得帶著龍鍾老態的身體，繼續往上爬。當到達八十歲的人生高樓時，回首往事，那一把鑰匙還留在第四十層樓，但這時已經沒有力氣再回頭去取來打開幸福的家門了。

聰明的讀者，你也有八十層樓的人生，每一層樓，你都想做些什麼呢？

人生如爬梯，爬得高，看得遠，爬得高，高處不勝寒，下樓梯更要步步穩健。透過階梯，到了不用階梯，這便是人生另外一個境界了。

各有各的爸爸

在一次天主教主教公署裏召開的「宗教徒領導人會議」，共有十大宗教的代表參加。

因爲這許多的宗教代表平時很難得共聚在一起談話，因此大家爲了表示友好，有的人就提倡「三教同源，五教一家」，並且獲得現場不少人的共鳴。但是當時羅光主教表示，如果把各個宗教的教主供在一起，他實在沒有辦法拜下去。

宗教界，教徒可以往來，但教義本來就應該不同，教主更不應該把他們集合在一起。大家應該認清：你的爸爸不能是我的爸爸！宗教的教主，就是等於各有各的爸爸，怎麼可以混淆呢？

所以，宗教之間，「同中必須存異，異中可以求同」；但不可一味的說，都是一樣。人體上的手足，各司其用，何必要讓手就是腳，腳就是手呢？

「宗教都是勸人爲善」，此話不錯！但是不同的宗教，彼此有方法不同、程度不同、認知不同，基本上，我們要容許各個宗教不同的存在，如此才美、才眞、才好。因爲尊重不同的存在，然後在不同之外，大家同是人、同是信仰、同是慈悲、同是向善。

所以在教徒的行爲上，大家應該互助、友愛、尊重，不必一定要把你的爸爸當成是我的爸爸。

現在世間上的人，習慣把一切作「二分法」；不是好的，就是壞的；不是你的，就是我的；不是眞的，就是假的；不是喜歡，就是不喜歡，所以只是分裂，而不能和諧。不如乾脆認清：爸爸本來就是不同的，但兒女可以做同學，可以成爲朋友，也就是說，不同爸爸的兒女，彼此可以做朋友。

佛法說：「方便有多門，歸元無二路。」世界上的各個宗教應如是觀。

觀照法門

佛教有一個修行的法門，名爲「觀照」；如果能夠懂得，在生活中必有幫助。

「觀照」什麼呢？

第一、觀照我與他人的關係；自問我是否有負於他人？

第二、觀照我與物質的關係；自問我是否有浪費物資？

第三、觀照我與金錢的關係；自問我是否有無理聚斂？

第四、觀照我與情愛的關係；自問我是否有濫用感情？

第五、觀照我與社會的關係；自問我是否有與社會互動？

第六、觀照我與自心的關係；自問我是否做到心地清淨？

人，往往只看到別人，看不到自己；看到表面，看不到內心。由於自他的「觀照」不夠，無法明白眞相，因此產生煩惱。假如我們懂得「觀照」自己，常常自我反省，明白我與社會人間的關係，才能自我健全。

會觀照的人，能夠探測因緣的關係；能觀照的人，能夠深入了解事相的內容。例如：經商的人，要做市場調查，這就是觀照；建築大樓，要對土地環境了解，這就是觀照；從政的人，苦思解決民間社會的問題，這都是觀照。會觀照的人，能夠探測因緣的關係；能觀照的人，能夠深入了解事相的內容。

《般若心經》說：「觀自在菩薩行深般若波羅密多時，照見五蘊皆空」。因爲懂得「觀照」，才能成爲「自在」菩薩；因爲「照見五蘊皆空」，才能「度一切苦厄」。

《觀無量壽經》又名《十六觀經》，例如觀日、觀月、觀水、觀地；如果對大地山河、日月星辰，都能在內心裏有安放的地位，自然就會我心與外境調和、本體和現象一致，如此觀照，又何能不離苦得樂？

信仰的層次

每個人從出生到長大，從幼稚到成熟，在人生的成長過程中，每個階段都有他崇拜、信任的對象。例如，小的時候相信父母，凡父母所說，絕對深信不疑；長大求學，轉而相信老師，只要「老師說」，就是對的。

之後，隨著各人知識水準高低、接觸社會層面寬窄、價值取向不同，於是有人相信金錢萬能，有人覺得愛情至上，有人高舉情義第一，有人疾呼自由無價，有人投身信仰生活等。

信仰是發乎自然，出乎本性的，信仰也不一定是信仰宗教。例如有的人信仰某一種思想或某一種學說；有的人信仰某一種主義；甚至有的人崇拜某一個人，也可以成爲信仰的對象。

話雖如此，只要人有生死問題，就一定要信仰宗教。尤其是佛教的中道緣起、因果業報、生死涅槃等教義，可以幫助我們解答人生的迷惑。

信仰宗教，必須愼重選擇，以「正信」爲佳，否則一旦信錯了邪教外道，正如一個人錯喝了毒藥，等到藥效發作，則生命危矣！所以「邪信」不如「不信」，「不信」則不如「迷信」，迷信只是因爲不了解，但至少他有善惡因果觀念，懂得去惡向善；不信的人，則如一個人不用大腦思考，不肯張開眼睛看世界，那麼他永遠也沒有機會認識這個世界。

信仰佛教，也有層次上的不同，例如，有人「信人不信法」、有人「信寺不信教」、有人「信情不信道」、有人「信神不信佛」等。其實信佛學佛的主要目的，是要開發每個人本具的眞如佛性，應從求佛、信佛、拜佛，進而學佛、行佛、作佛；唯有自己作佛，才是信仰的最高層次。

反省十二問

人，必須時刻躬身自省，才能夠修德進業。以下十二個問題，都是吾人應該反省的問題，不知你是否問過自己？

一、我出生在人間，曾否做過有益於人間的事呢？

二、我對於父母師長的恩德，有盡心盡力地報答嗎？

三、我享受世間各種好因好緣，回饋了多少呢？

四、對於師長、親人、朋友、社會，我有虧欠他們嗎？

五、世間給我衣食住行育樂的因緣，我是否也給他們因緣呢？

六、我明白我自己來是如何來？去是如何去的嗎？

七、我可曾算過自己的內心世界，每天在天堂、地獄間來回多少次？

八、我能夠說出自己每天如何在貪瞋愚癡疑嫉的生活中打轉嗎？

九、「吾日三省吾身」，我第一、第二、第三省是什麼呢？

十、我在世間生活，如何才能歡喜自在呢？
十一、我應該如何消除煩惱，去除無明？找到眞心本性呢？
十二、我如何安排今生今世的好因好緣呢？

以上人生十二問，包括我與他人的問題，我與社會、國家的問題。

多數人每天都在想自己的利益，很少關心他人的福利。由於將自己建立在國家社會之上，所以弊病就多了。但看許多人遇到一點挫折，不肯先檢討自己，就先怨天尤人，甚至怪命運捉弄，不知此乃因自己的思想、行爲、居心不正，所以經常生活在憂悲苦惱之中。

六祖大師云：「命好心亦好，發達榮華早；心好命不好，一生能溫飽；命好心不好，前程恐難保；心命都不好，窮苦直到老。」吾人必須先要求自己，健全自己，凡事反觀自省，培植善緣，才能邁向人生佳境。

隨緣修行

常有信徒對我說：「大師！您所言、所行、所見、所做、所思……都超過一般常人，這道行是如何修持的？您是如何過生活的？……」

其實我是一個非常平凡的出家人，常應大眾的需要隨緣付出，不曾刻意或計畫要如何。

在生活細節上：見到人我會主動的跟對方打招呼；用餐時，我喜歡與大家同餐共吃；坐車時，不喜歡浪費一個空位，坐滿了，才會開車；只要別人有求，在不妨礙他人，不違背佛法的原則下，不曾拒絕過；一生中，行蹤不曾有過秘密；沒有私人的鑰匙；所有信件都經別人拆閱後，才輾轉到我手中。我的血液與大眾分不開，脈搏與群眾共跳躍。

在處事觀念上：我的原則是——

以不要代替需要：爲避免物役，從不要當中去擁有更寬廣的精神境界。

以無求代替有求：從忍辱無爭中，去包容一切，豐富人生的內涵。
以享有代替占有：胸懷欣賞一切，不必占有一切的理念。
以大眾代替自我：自他一如是和諧之本。

❖❖❖

佛教是幸福快樂之教。用數字比喻，容易記憶，我說在修道上——
第一、學佛要一心，不要有二心。
第二、做事要理和、事和外，更要有第三——人和。
第三、人生具福祿壽三多外，不要有第四——氣多。
第四、世上已有四苦，不要再有第五苦——比較苦。
第五、守持五戒外，要受持第六戒——戒懶。
第六、修學六度萬行以外，別忘記第七度——自度。
第七、人有喜、怒、哀、樂、愛、欲、惡的七情以外，不要有第八——假情。

第八、在八識田中好自播種，但不要有第九——錯誤的認識。

第九、人身已有九孔，不要讓更多的毛孔再漏泄功德。

六根清淨方爲道

一個人要轉煩惱爲菩提，必須要好好處理自己的六根，所謂「熱鬧場中好修行」，要如何修？

◎眼的修行——

以慈眼、慧眼、法眼、佛眼看內外，看上下，看好事，看善事，看美事，看病知苦，看災慰問，看低賤予鼓勵，讓眼睛聽命於我們。

◎耳的修行——

要善聽，將不好的話聽成好話。要諦聽，注意聽且不會聽錯。要兼聽，聽了這個還要聽別人的看法。要全聽，不斷章取義，要把話聽完。

◎鼻的修行——

嗅覺要訓練得如眼、耳，來分別：一是惡道味，二是人味，三是菩薩味，四是佛陀味。味不單只是嗅覺，讀書要讀出書味，做人要做出人味，辨事要辦出事味，修行要修出道味，所謂慈悲味、芬芳味、包容味、佛法味……等。

◎舌的修行——

舌要修行如廣長舌相——要能說愛語，要能說慰語，要能說善事，要能說佛法。

並且要——不說是非，不聽是非，不傳是非，不怕是非。

◎身的修行——要威儀端正，要善良氣質，要禮拜謙恭，要勤勞服務。

◎心的修行——

要修智慧，要修功德，要修信心，要修道念。並且能具有思惟、靈巧、包容、接受……等。

每天六根都在活動，行住坐臥皆少不了它，修行最簡便具體的方法，就是六根清淨。

善緣福報

世間萬事，成也因緣，壞也因緣！
緣在哪裏呢？在我們的手中，在我們的口裏，在我們的心意之內。
很多的好事，因為一句話破壞了因緣；
很多看似不可能實現的事情，因為有人從中給予一點助緣，反而使其成功了。
我們多給別人一些好因好緣，可能別人也會給我們一些好因緣。

點滴因緣

日本有一位禪師，爲師父洗腳而盛了一桶水。師父沒有用完，他就把它隨意一倒，師父呵斥曰：「你這麼蹧蹋萬物的價值，一滴水，可以救活生命；一滴水，可以滋潤枯渴；一滴水，可以成爲海洋；一滴水，可以流於無限。你怎麼可以把未用完的半桶水，這麼輕易的浪費掉？」

聽了師父的訓誨後，禪師汗流浹背；爲了記取師門的教訓，從此改名「滴水」，以誌不忘。滴水禪師後來成爲日本家喻戶曉的偉大人物。

「滴水之恩，湧泉以報。」這是多麼美好的人際關係啊！人在世間，我們所承受外來的恩惠，豈只是「滴水」？所謂「一絲一縷，恆念物力維艱；一粥一飯，當思來處不易。」我們承受來自於親人眷屬、社會大眾許許多多的點滴因緣，才能安然生存。

美好的世界是「人人爲我，我爲人人」，我的一點小小心意，一樣可以供養給十方法界，供養十方大眾。滴水之恩，湧泉以報，誠不虛也！

隨緣自在

世間上有很多「無可奈何」的事，例如，養了不肖的子孫、交了不好的朋友，或是被人冤枉、受了委屈、給長官欺負，甚至父母無理、恩愛別離、所求不遂、被人倒閉等等，都是「啞吧吃黃連」，有苦說不出，只有徒嘆奈何啊！

想要從無可奈何裏解脫出來，只要靠自己能看透人情、能看破世間。所謂「看得破，有得過」，僧侶所穿的僧鞋，中間有一條鞋樑，把兩邊縫合起來，鞋面上有象徵「六度」的六個孔，這就是要我們照顧腳下，同時也是要我們能夠看得透世間的無常，看得透人情的虛幻。

我一生都講究隨緣隨喜，世間一切有非眞有，無也非眞無，要從無限中去擴大，不要在有限中自尋煩惱，要以出世的思想過入世的生活，才不會爲物所役！

隨緣才能自在！世間沒有解決不了的問題，你有隨緣、隨遇的認識，則人生又有什麼好無奈的呢。

布施種福田

經云，積存儲蓄金錢，並不一定是我們的，但如果拿來種福田則享用不盡。要能捨才會有所得，肯布施必定會得到很多。金錢抓得太緊不會用是吝嗇，太浪費不知節制也是不當，當賺則賺，當捨得捨，有來有去，用得適當，是最好的人生觀。

錢用了才是我們的，如果慳吝不用，世事無常，不知今後將會是誰的？錢如水要流動，才會清澈甜美，否則是一灘死水。一滴水就有無限功用，更何況大家的布施，其功德是無限的。

宇宙給每一個人的報酬——

假如你歡笑，周遭的人也會跟著笑；

假如你悲愁，左右的人也會跟著愁；

假如你歌詠，旁邊的人就會跟著唱；

假如你幽默，聽到的人就會歡喜你；
假如你擁有戒定慧，溫馨一定靠攏著你；
假如你追求眞善美，朋友都會包圍著你；
所以，稱人惡者，人亦道其惡也；妒人有者，人亦懼其有也。

❖❖❖

花草受人喜愛，因爲它能釋放芬芳的香味；鳥雀令人憐惜，因爲牠能鳴叫動聽的歌聲。一些有人緣的人，我們喜歡親近他，因爲他能說出美好的語言，讓人如沐春風、如飲甘露。

有一位太太，不肯行善做好事，禪師舉起雙手問她：「如果這隻手只能伸，不能曲，如何？」太太回答：「這是畸型。」禪師再把手指握緊，問：「如果這隻手只能握拳，不能伸開，如何？」太太回答：「這也是畸型。」禪師趕緊把握時機說道：「一個人如果不能釋放一點，布施給人，這也是畸型喔！」

❖
❖
❖

能把自己擁有的給別人，是富有；只會貪圖別人給自己，是貧窮。

從小接受的呵護、教導、激勵、機會……都是人家「給」我，我「給」人什麼呢？

「給」，是世界上最美好的事，也人人給得起。給人一句好話，給人一個微笑，給人一份心意，給人一點服務；都是善的給予。

佛也要結善緣

有一個長工，看到主人擁有一尊金佛，每日禮拜，心中慨嘆自己窮困，連想要拜佛都沒有機會。有一天，趁著主人不在家，他悄悄的走到佛像前面禮拜。但事有不巧，恰被主人回來看到了，厲聲責罵他：「你有什麼資格拜我的金佛？」長工不得已，只好在砍柴的時候利用一根木材，動手刻了一尊佛像，供在自己簡陋的住處禮拜。

這天，主人發覺他家後院人來人往，原來都是到長工住處禮拜木佛。主人非常生氣與嫉妒，聲言要讓金佛與木佛比鬥，看看究竟哪尊佛比較厲害。比賽開始後，初時兩佛推擠，勢均力敵；但過不了多久，金佛漸漸屈居下風，終至不敵木佛而倒地不起。主人就責怪金佛：「爲什麼你連木製的佛像都不如？」

金佛說：「你看那一尊木佛，每天有多少的信徒帶著供果前往上香禮拜，他受了那麼多的香火，自然力氣充足；我雖然是金佛，但是你不肯把禮拜供養的機會分享大眾，所以我敵不過木佛而不支倒地，這是再自然不過的事了，有什麼好奇怪的呢？」

量有而用

銀行裏的存款要「量入爲出」；生命從另個角度來看是時間的存款，要「量有而用」。

有的人的一生，老天給他數十年時間，他不知道如何安排運用。例如，童年應該讀書，他偏要遊玩；中年了，應該要做事，他想到讀書。等到老年了，應該要爲自己保留一些餘力，他又去爲兒孫效力，搞得自己精疲力竭、焦頭爛額。人生可以用一些時間去做一點善事，結一些人緣，他偏要去打牌、喝酒、跳舞，浪費了時間，到最後自己生命中的花種不能結果，豈不可惜！

如果時間是金錢的話，每個月的所得，應該用五分去顧念家庭、兒女、親人的生活；另外要以二分去爲社會公眾服務，做社會的義工。再有一分留給自己，過著宗教發心、奉獻的生活；剩下的二分，要做旅遊、參學，以及正當娛樂、運動等。

時間的存款分配得當，生活的安排一定均衡，步調一定適中，也就容易擁有健康、幸福的人生。

一句話的影響

每一個人在成長的過程中，有時候因爲父母、師長、朋友、親人所講的一句話，因而改變了我們的一生。

孔子的弟子顏琛，人雖聰明，但不立志，後來因爲孔子的一句話：「你不願意苦學，我也從來沒有指望你成爲大材。」顏琛經此刺激，閉門謝客，發心苦讀，終於在三千弟子中獲得成功。

唐朝時，丹霞禪師本來是一名士子，在進京赴考途中，遇見一位出家人對他說：「選官不如選佛。」他當下改變主意，到寺院出家參禪，而成爲一代悟道的高僧。

創辦生命線的曹仲植先生，太太要他皈依佛教，要他禮拜，他非常反感，幾乎要成爲叛徒。但一位法師在旁邊說：「行佛就好，不一定要拜佛。」他聽了非常開心，認爲行佛我做得到，所以後來便成爲佛教的一位大護法。

一位教授，有人勸他參與「九二一」的賑災，他慳吝不肯捐錢倒也罷了，還放大聲音說：「我什麼人都不救濟」。法師說：「難道要受災的人來救濟你嗎」？一句話之下，當頭棒喝，如夢初醒，後來一改而為一個樂善好捨的知識份子。

一句話的影響，有時超乎想像。

奇妙的緣

因緣實在是宇宙人生最奇妙的眞理！

世間萬事，成也因緣，壞也因緣，人生的聚散總是緣！

緣在哪裏呢？在我們的手中，在我們的口裏，在我們的心意之內。

很多的好事，因爲一句話破壞了因緣；很多看似不可能實現的事情，因爲有人從中給予一點助緣，反而使其成功了。

我們多給別人一些好因好緣，可能別人也會給我們一些好因緣。

❖❖❖

凡事好壞，多半自作自受，既不是神爲我們安排，也不是天意偏私祖護。業力之前，大家機會均等，沒有特殊例外，好壞與否，只看自己是否能應機把握，隨緣得度。

❖❖❖

人生在世擁有的並不一定眞實，世上一切都是因緣和合，重在彼此相互的關係。世界非個體，是要彼此相輔相成。對不悅不喜的人，要懂得「珍惜」，就如打籃球要感謝有敵手，球才玩得起來，因爲我們的生存跟這些人都有關係。

❖❖❖

人生的際會只是碰面刹那的機緣，相接觸後，就要各奔東西，故要珍惜這段相處的因緣，藉著大眾的力量來擴大自己、超越自己，因世界上任何事情，都要等待時間的成長，所以凡事不要太短視。

❖❖❖

有懷才不遇的情愫者，中間必定缺少一份「緣」，要知苦惱、知慚愧。

愚者也有一得，認識清楚自己的長處、缺點、過失，並刻骨銘心的去改過。

只要有條件不怕沒有伯樂欣賞，就怕自己不是千里馬。

空歡喜

有一個乞丐，省吃儉用買來一張獎券，居然幸運的中了特獎。他拄著枴棍一路走一路得意地想，一旦領了獎金，就可以永遠擺脫貧窮，再也用不著身上這些破爛家當，於是隨手把破帽破碗和枴棍往河裡一丟。回到家，才忽然想起，獎券不是藏在枴棍中嗎？

古代某位國王，一時興起，許以十二頭牛爲代價，請一位音樂家爲他彈琴，音樂家覺得天大的好運來了。事後國王卻反悔說：「琴聲只是讓我空歡喜一場；就如我說要給你十二頭牛，也只是給你一場空歡喜一樣。」

僥倖獲得的，很容易因自己、因別人而失去。

要獨立，不要孤僻

富士山之所以被日本人尊敬且視爲精神象徵，因爲它獨立，從四面八方看去，巍峨聳立，傲然不動。

獨立是追求生命的自主精神，具備自給自足、生生不息的能力，但是，宇宙萬物都離不開因緣，同體共生，因緣和合，每一個東西，如地水火風，彼此可分可合，可合可分。因緣聚，則和合；因緣滅，則各自獨立。

有的人把自己的孤僻說成是獨立，其實獨立不是孤僻，獨立的人，心中有大眾；孤僻的人，心中只有自己。

酸葡萄變甜葡萄

見不得別人好，說話酸溜溜的，這是一種酸葡萄心理。酸葡萄心理是一種不成熟的表現。不過，酸葡萄只要經過陽光、和風的催化，一樣可以轉變成甜蜜蜜的葡萄。

酸葡萄性格的人，固然是氣度不夠、眼界不寬、修養不夠；但也可能是他尚未成熟時，遇不到陽光、和風的照拂，反而受到蟲害、霜雪的侵襲，苛責無益，唯賴轉化酸澀的體悟與因緣。

對沒有能力改變的環境，要努力培養自己的力量，等因緣成熟後再說，凡事不要著急，著急易起煩惱。

也不要羨慕別人的財富與福報，要趕緊播種、結緣。

致富的知識、方法，你不了解，怎麼會有財富呢？「廣結善緣」你沒有積極實踐，怎麼會由因緣帶來福報呢？

❖❖❖

人人都希望好運，卻不知善緣是好運之因，好運是善緣之果。春時不下種，秋冬哪裏有收成？

當然，做了一點好事，結了一點善緣，也不必希望馬上就有回報。有時春天播種，秋天就能收成；有時今年播種，明年收成；有時現在播種，多年後才有收成，難以逆料。重要的是，隨時有結善緣的美意和行動。

因果之間是相互的關係，有時候因中有果，有時候果中有因。總之，「善緣好運」就是好因好果的關係；欲得好運，就從廣結善緣開始吧！

追因究果

一般人都希望自己做一個「強者」，可曾想過「強」是什麼？

鋼鐵強，但是烈火可以熔化它。

猛火強，但是大水可以熄滅它。

洪水強，但是太陽可以蒸發它。

太陽強，但是雲層可以遮蔽它。

烏雲強，但是狂風可以吹散它。

暴風強，但是高山可以抵擋它。

高山強，但是登山者能征服它。

征服強，但是死亡永遠威脅它。

死亡強，但是修行者能克服它。

所以，有信仰的人是強者，他可以憑著信心，越過困難，打倒挫折，踏遍荊棘，走向未來，連死亡都不怕。

有智慧的人是強者，他明白事理，辨別是非，凡事深入了解，理性決斷，自助助人。

謙虛柔和的人是強者，他能不招災厄、逆來順受、韌力十足，以柔克剛。

強，沒有絕對的，因爲強中自有強中手，人外有人，天外有天，對人而言，慈悲最大，因果最強。

一遇到逆境挫折、就想用「請假」來逃避，是一種不負責任、懶惰的行爲。天下是要自己去爭取的，成功不會從天上掉下來。不要用自己的情緒去判別事物，要有是非觀念，凡事不要只看「果」，要去追查「因」！

❖❖❖

人因爲經常互相比較、計較，覺得別人待我不公平，因此惹出許多的是非煩惱。

人都希望別人以公平待我，然而「理上雖然佛性平等」，「事上卻有因果差別」，世間法因為受到個人主觀、情感等因素影響，很難有絕對的公平，甚至法律也常因為受到客觀因素所左右，而難以獲致絕對的公平。

世間真正的公平，就是「因果」；無論達官貴人或販夫走卒，無一能在「善有善報，惡有惡報」的因果定律下獲得寬貸或殊遇。

不必氣惱人間功利充斥，缺乏正義，更無須悲憤社會沒有法理，不講公平。因果之前，人人平等。

❖❖❖

「因果」二字，人人會說；但是「因果」二字的意義，不見得人人能懂。

凡人只能認識「果」，不能認識「因」；正是所謂「菩薩畏因，眾生畏果」。

人，在製造種種惡「因」的時候，不知道嚴重；一旦「果」報來臨了，才知道大事不妙，卻是悔之晚矣！

一般人在遭遇失敗的時候，怨天尤人，恨你恨他；他不知道「以果推因」，必定是「因」地不正，才會遭致如此結「果」。社會上一般人看事，也往往只知其一，不知其二。例如，有的人責怪父母不慈的「結果」，但卻不知道父母不慈是緣於兒女頑劣的「原因」；有的人責怪兒女不孝的「結果」，但就不知道「因爲」父母失德，才會造成兒女的不孝。所以，凡事不去「推果尋因」，又何能知道事實的眞相，又何能還給事實一個公平、公道呢？

更有一些不明因果者，經常誤解因果。例如素食誦經、慈悲行善的人，爲什麼遭遇不幸？公正的「因果」何在呢？殊不知此人在因果銀行裏的欠債未還，不能因爲現在是好人，行好事，就可以不必償還債務。

相同的，有人作惡多端，殺盜婬妄，可是卻享盡榮華富貴，因果何在呢？其實，他在因果銀行裏擁有存款，不能因爲他現在作惡，就不准他使用當初的存款。所以，「因果」者，有過去、現在、未來，三世循環的關係。

當我們看到植物開花結果時，就想到必然有人播種造因；當我們看到有人慈悲爲善，就想到將來必然會有美好的結果。

眞正因果的內涵，實乃宇宙世間善惡好壞的定律啊！

吉凶誰定？

人到了迷惘的時候，就會想要算命卜卦，求神問路。籤條最大的缺點，就是為人定吉凶，卻不考慮因果。其實，人生的上上籤或下下籤，都不是神明所能左右，都是自己的行為造作而來。

徘徊在迷茫中的人，最好能自問：此事合乎道德否？合乎正義否？合乎公理否？合乎法律否？而不要一味的求籤問卜。人生，要交代給因果，交代給自己，不要交給神明。

❖❖❖

日本人送禮喜歡送鐘，因為「鐘」與「錢」同音，表示興旺、進財之意；在中國，卻忌諱送鐘，因為有「送終」的諧音。在中國代表著不吉利的烏鴉，在美國、日本卻是喜鵲，由此可知，吉利、不吉利，都是人們自我設想、自我束縛的名詞。

其實，周遭一切的好壞，與顏色、方位、數字無關，好與不好都是業的因緣，想獲得好的結果，必須要有好的因、善的緣。

有漏世間

有一個皇帝微服外出，平時過慣呼風喚雨的日子，一旦微服在外，無人奉承，甚感不慣。一日來到鄉下，又熱又渴，道旁農夫盛情的奉上茶水一杯，皇帝如飲瓊漿，回京後，馬上差人到農夫家中，封了一個官銜。此事被當地一個落第秀才得知，心中不平，於是在土地廟題詩曰：「十年寒窗苦，不及一杯茶！」數年後，皇帝再度出巡該地，見到此詩，知道原委，於是不動聲色的加了兩行字：「他才不如你，你命不如他！」

人世間很多事，乍看是不公平的，強權、財富、智愚、美醜、機運……都使人與人之間不能公平。這也是有漏世間的現象之一。要求「齊頭式」的人人平等不可能，若從「自業自受」的原理來看，富貴變貧窮，貧窮變富貴，也是不斷地在發生。所以，在因緣業報裏，每個人的命運還是有公平的究竟。你前生在銀行裏有存款，今生自可以受用，但光花用不積儲也會很快用盡；你前生負債累累，今生當然窘迫，但現在開始儲蓄永不嫌遲。所以不必去怨嘆公平與不公平！有一首偈語可以提供大家參考：

「心好命又好，富貴直到老；命好心不好，福變爲禍兆；
心好命不好，禍轉爲福報；心命俱不好，遭殃且貧夭。
心可挽乎命，最要存仁道；命實造於心，吉凶惟人召；
信命不修心，陰陽恐虛矯；修心一聽命，天地自相保。」

❖❖❖

爲什麼許多人做好事卻沒有好報呢？因爲他的身、口、意缺口太多，福報功德自然也會漏了。

布施行善，若是心不甘、情不願，讓受者的尊嚴受到傷害，如此縱有善行，布施的功德也會漏了。

幫忙別人做了不少好事，若你一直抬高自己，自我膨脹，別人不服氣，反而對你訾議，這就是你的功德有漏了。

平日說好話、做好事、存好心，積聚不少功德福報。但突遇逆境，就大發牢騷，口不擇言、怨天尤人，原本的義行福報，就會漏了。

一面賺錢，一面浪費；一面種植，一面踐踏，這就是有漏的世間，有漏的眾生。

謹言慎行、攝身防意，千萬不要讓三業把我們的「福報漏了」，這是非常重要的。

基因即業力

生命的密碼，根據現在的科學家說，已經研究出來了，那就是「基因」！其實，生命的密碼——基因的另一個名詞——業力，佛陀早在二千五百年前，已經召告人間了。如果生命的密碼「基因」，只是說它像細胞，是一個單位的話，基因還不夠解釋生命，應該用「業力」來說，更爲恰當。

業，是身口意的行爲，有善業、惡業、無記業。「假使百千劫，所作業不亡」，只要是身口意所造作的善惡業等，都會像電腦一樣，在業的倉庫裏有了儲存；「因緣會遇時，業報還自受」，等到善惡業的因緣成熟了，一切還得自作自受，這是因果業報不變的定律。

「業力」，實在是佛陀一個偉大的發現。人，從過去的生命延續到今生，從今生的生命可以延續到來世，主要就是「業力」像一條繩索，它把生生世世的「分段生死」都連繫在一起，既不會散失，也不會缺少一點點。

「生命不死」，就是因為有「業」的關係，像春去秋來，像秋涼轉為春暖；「一江春水向東流」，一切都是循環，都是輪迴。「有為法」什麼都可以毀壞，只有生命的密碼，永遠不壞，永遠存在。

基因，只能說明個己生命體的因素，但佛教的業力，不但有個體的業，所謂「別業」，另外還有「共業」。例如，為什麼有的人同生在一個家庭裏？同生於一村，同生於一族？這都是「共業」。各方的人士同在一條船上，或同在一架飛機上失事了，有的人命喪黃泉，有的人大難不死，這就是「共業」中又有「別業」的不同。

所以，科學家們發現了生命的密碼——基因，希望能再發展出生命共同體的基因——相互的關係。

生命的密碼，由於基因的不同，於是發展出不同的生命體。吾人的業力會現行，會有果報，所謂「現報」、「生報」、「後報」。「現報」就如種子，春耕秋收；「生報」就是今年播種，明年收成；「後報」則是今年播種，多年以後才能收成。所謂「不是不報」，只是「時辰未到」而已。

佛教的眞理「因緣業報」，這是顚撲不破的眞理，是必然、永恆、平等的眞理；科學家「基因」的發現，只是更明確的解釋了「業」的內容與功用，如此而已！

遠禍求福

人人都希望「趨吉避凶、求福遠禍」；然而世事多變，一切都不能盡如人意。

當遭遇到財物損失、家人不幸、自身災難時，不要完全怨天尤人，禍福已經成形，等於火勢蔓延，不易撲滅，應心存慈悲、正直，有時候禍患反而轉變爲福報。

《淮南子》中有個故事：一位老翁，失去一馬，心中非常懊惱。但不日後，失去的老馬反而帶回一匹駿馬，老翁因失馬而得馬，心中非常高興。但不久其子因爲不諳馬性，騎馬被摔，負傷在床，因此他又感覺得馬是禍。當時正逢戰爭，國家徵召壯丁赴沙場，其子因傷，得免入伍，終而保得一命。所以說「塞翁失馬，焉知非福」。

其實我們每個人對禍福的看法，都應該知道所謂「禍福都是因果的寫照，因果都是禍福的定律」；平時應該注意所行所爲，要培養福德因緣，如此自能消災免禍。

一般人最易疏忽的，就是人在得意的時候，往往埋下了「驕恣必敗」的種子，老子說：「禍莫大於不知足」；佛法說：「禍莫大於有『三毒』」。三毒就是貪、瞋、癡。《菜根譚》也說：「福莫福於少事，禍莫禍於多心。」假如吾人想要避禍求福，應該自我修身養性，例如「閉門思過」、「躬自反省」、「多結善緣」、「少有貪念」、「增長慈心」、「去除恚恨」等。所謂正知正見，無有自私邪執，如此，管它「禍兮福兮」，必然能夠得福而遠禍矣！

❖❖❖

有時候得也不好，有時候失也不壞，得失之間，所謂各有因緣莫羨人。得失各有因緣。是我的，不必力爭，自會得到；不是你的，即使千方百計取得，也會隨風而逝。

即使得到了，也要好好運用；失去時，只要你有足夠的條件，它也會再來。

人生，失去了金錢、資用，會有再來的時候；失去人格、道德，不容易恢復。

得人容易，得人心難；得人心難，失人心容易。得失之間，富含人生哲理也。

對著山谷講話，山谷的回音就是你的原音呈現。你對著山谷說「我愛你」，山谷就回給你「我愛你」；你對著山谷大喊「我恨你」，山谷也會回給你「我恨你」。有人幸福，有人不幸，看起來都是外來的因素，實際上，幸與不幸，唯人自招！是福是禍，主人不能賴帳的喔！

「薰習」的力量

古時農家婦女，在衣櫥裏放置薰衣草，讓衣服充滿香味，這就是「薰習」的力量。

「薰習」是一種感染力、一種影響力。三字經說：「人之初，性本善；性相近，習相遠。」儒家所謂「近朱者赤，近墨者黑」、「學而時習之」，這也是薰習的力量。

佛教主張「多聞薰習」，又謂「薰修德業」；品德的修養，除了靠古聖先賢、父母師長的言教、身教之外，境教也很重要。環境可以使一個人在長期耳濡目染下，不知不覺受到潛移默化而改變氣質。所謂「橘化爲枳」，種在淮南的橘子，移栽到了淮北就生出枳子；古代因有「孟母三遷」，故而才有後來的亞聖孟子，這都說明環境薰習的力量，不容忽視。

薰習就是透過眼耳鼻舌身心向外接觸境界，然後在八識田中留下種子，待因緣成熟，就會表現在外，成爲言行舉止上的一種慣性，稱爲「習慣」，又稱「習氣」。

習氣就像一個裝過香水的瓶子，即使香水用罄，瓶子上的香味卻久久不滅。習氣又如種子，儘管花開花謝，只要曾經結果，留下種子，又會成爲下一期生命的開始。因此，佛教有所謂的「留習潤生」，又說：「煩惱易改，習氣難除」。

兩個賣魚的婦女，常期在魚肆裏生活，一日外出未及回家，因而投宿在一間充滿花香的旅店裏。兩個人徹夜未眠，後來只得拿出魚簍，才終於在魚臭味中甜蜜的睡去。

認識「薰習」的力量，我們便應該不斷的提醒自己，平時要養成良好的習慣，要憶念好的、善的、美的人事物，如此才能留下善美的種子；有了善因業種，又何愁人生沒有善緣果報呢？

去除習氣

每個人都有習氣，每個人也都有習慣。習氣多數是不好不壞，例如好吃、好買、好睡、好美，這都是習氣；而習慣則有好有壞。好的習慣，例如整齊、端莊、禮貌、微笑等；壞的習慣，諸如賭博、菸酒、偷竊、懶惰等。

習慣可以改，只要有決心，壞習慣自能戒除。習氣卻和業力一樣，不僅影響一生，甚至及於來世。例如：牛嗣尊者雖是羅漢，但平時嘴巴總是不停的呶來呶去，因爲他往昔曾經多世爲牛馬，反芻慣了，習氣仍在；大迦葉雖已證果，但一聽到音樂，仍會情不自禁的手之舞之，足之蹈之。此皆因爲餘習未斷也。

染上不良的習慣，必須自己痛下針砭；正如生銹的刀劍，如果不用快石磨利，怎麼會有威力呢？腐朽了的木材，如果不加以補強，怎麼能成爲建材呢？

本性受了世間習氣的薰染，更需要相當的努力，才能把染污了的習氣去除。正如千年的古鏡染上塵埃，如果沒有時時勤拂拭，又何能具見光明呢？

今生來世

生和死如影隨形，生了要死，死了再生。到底生從何處來，死歸何處去？一般人並不了解。

生死循環，本來就是自然的道理，生命不是出生以後才有，也不是死了就算結束。

經典上將死亡分成四大種類：壽盡而死、福盡而死、意外而死、自如而死。

死亡並不是消滅，也不是長眠，更不是煙飛灰滅，無知無覺，而是走出這扇門進入另一扇門，從這個環境轉換到另一個環境。經由死亡的通道，人可以提昇到更光明的精神世界裏去。

死亡以後就像移民一樣，你到了另外的國家，只要你有生存的資本，有功德法財，換一個國土，又何必害怕不能生活呢？所以死亡並不可怕，死亡之後到哪裏去才是最要緊的。

生死循環

人生下來要居處，人死之後要去處；有的人為生辛苦，有的人為死掛念。解決生的問題現代已發展出許多知識和方法；解決死的問題，只因為人有「隔陰之迷」，換了一個身體就不知道前生後世，因此對死後茫然無知，成為天下最難解決的問題。

其實，人之生也，必定會死；人之死後，還會再生。生生死死，死死生生，如環形的鐘錶，如圓形的器皿，沒有開始，也沒有結束。生死只是一個循環而已，如種瓜得瓜，種豆得豆；種也不是開始，收也不是結束；開始中有結束，結束中有開始。

在佛門裏，有許多的大德高僧，他們對於死亡的看法，認為生要歡歡喜喜而來，死也要歡歡喜喜而去；因為來來去去、生生死死，無有休止啊！

從歷史上看一些禪者，有的田園荷鋤而亡，有的自我祭拜而終；有的吹簫奏笛，泛舟而逝；有的東門西門，向親友告假而去。所謂「來爲眾生來，去爲眾生去」，來來去去，根本就不用掛懷。正如衣服破舊了，要換一套新衣；房屋損壞了，要換一間新屋；連老舊的汽車都要淘汰更新，何況人的身體老邁了，怎能不重換一個身體呢？

法國文藝復興時代的代表人物拉伯雷（Francois Rabelais）說：「笑劇已經演完，是該謝幕的時候了！」他對於死亡表現得瀟灑自在，毫無依戀；哲人盧騷（Jean-Jacques Rousseau）臨終時安慰夫人：「可別傷心，你看，那邊明亮的天空，就是我的去處！」眞是自在人生的示範。

現在社會上有「安樂死」的說法，其實「安樂死」是要比「痛苦生」還要好很多！快樂人生當然畏懼死後痛苦，如果「生死一如」，又何必「貪生怕死」呢？

佛教淨土宗稱死亡爲「往生」，既是往生，就如同出外旅遊，或是搬家喬遷，如此死亡不也是可喜的事嗎？所以，死亡只是一個階段的轉換，是一個生命託付另一個身體的開始。因此，死亡不足懼，面對死亡，要順其自然，要處之泰然！

人之生命如杯水，茶杯打破了不可復原，水流到桌上、地下，可以用抹布擦拭，重新裝回茶杯裏；茶杯雖然不能復原，但生命之水卻一滴也不會少。又好比燃燒的木材，薪火相傳，流轉不息，所以生命本身不會眞正死亡。

佛教的「涅槃寂靜」形容得好：不生不死，不生不滅；眞正的生命是超越無常、超越無我的。例如海水波濤洶湧，海面上的泡沫究竟是海水，還是波浪？從覺悟的觀點來看，有風起浪，無風平靜，動亂最終還是歸於寂靜。

生命字典

有的人一生都禁得起別人的記錄，有的人通不過他人的記錄。甚至有的人一生的記錄都很好，因此他能寫傳、寫史，把記錄留給大眾。

現在的飛機失事，要靠黑盒子記錄，以便解讀失事原因；地震的預防或震度的測量，也都有地震儀的記錄。其實我們的人生，也有業力記錄我們的善惡因果；我們的一生所作，在阿賴耶識裏都記錄得清清楚楚，所以吾人不能不重視人生的記錄。

❖❖❖

每一個人都有他的一本「生命字典」。

「生命字典」不光只是記錄我們的一生，從生生世世久遠的過去，一直到無限的未來，自己的功過、善惡，所做所言，所思所想，都可以在「生命字典」裡查閱清楚。

拿破崙的字典裡沒有「難」字；蘇格拉底的字典裡沒有「苦」字，所以他們都能垂範後世。

生命的字典有分類，忠臣，孝子，名將，懦夫，君子，小人……有的人的生命字典裡，慈悲即占去了字典的一半篇幅；有的人的生命字典裡，則是字裡行間無不洋溢著智慧的芬芳。

字典是無言的老師，字典是總結，字典是我們的成果展。一部好的字典，對國家、對父母、對自己都要能有所交代，所以我們要用願心、用慈悲、用智慧、用理想、用抱負來編寫我們的生命字典。

你希望自己的生命字典，永遠為人所樂於翻閱、傳誦嗎？

國家圖書館出版品預行編目資料

星雲大師談幸福 / 星雲大師 著.
-- 第一版. -- 臺北市 : 遠見天下文化, 2010.12
面； 公分

ISBN 978-986-216-669-7 （平裝）

1.佛教說法

225.4 99024405

BBOX029A

星雲大師談幸福

作　　者｜星雲大師
總 編 輯｜吳佩穎
主　　編｜項秋萍
責任編輯｜陶蕃震（特約）
封面照片｜佛光山提供
內頁照片｜遠見雜誌提供
內頁設計、美術編輯｜劉信宏（特約）
封面設計｜19玖IX｜張治倫工作室 郭育良（特約）

出版者｜遠見天下文化出版股份有限公司
創辦人｜高希均、王力行
遠見・天下文化 事業群榮譽董事長｜高希均
遠見・天下文化 事業群董事長｜王力行
天下文化社長｜林天來
國際事務開發部兼版權中心總監｜潘欣
法律顧問｜理律法律事務所 陳長文律師
著作權顧問｜魏啟翔律師
社址｜台北市104松江路93巷1號2樓
讀者服務專線｜（02）2662-0012
傳真｜（02）2662-0007　（02）2662-0009
電子信箱｜cwpc@cwgv.com.tw
直接郵撥帳號1326703-6號　遠見天下文化出版股份有限公司

電腦製版｜東豪印刷事業有限公司
印刷廠｜中原造像股份有限公司
裝訂廠｜中原造像股份有限公司
登記證｜局版台業字第2517號
總經銷｜大和書報圖書股份有限公司　電話（02）8990-2588

出版日期2003年12月15日第一版第1次印行
2023年8月30日第三版第2次印行
定價330元
EAN｜4713510943885 (平裝)
書 號｜BBOX029A

天下文化

BELIEVE IN READING